정보
능력

**INFORMATION
COMPETENCY**

PREFACE

본 도서는 우리나라 직업인들에게 공통적으로 요구되는 10가지 직업기초능력 가운데 하나인 정보능력을 향상시키는 데 도움이 되는 책이다. 정보능력이란 업무를 수행함에 있어 기본적인 컴퓨터를 활용하여 필요한 정보를 수집, 분석, 활용하는 능력을 의미한다. 이러한 정보능력은 업무 수행에 필요한 정보를 수집, 분석, 조직, 관리, 활용하는 데 있어 컴퓨터를 사용하는 컴퓨터활용능력과 업무 수행에 필요한 정보를 수집하고, 분석하여 의미 있는 정보를 찾아내며, 찾아낸 정보를 업무 수행에 적절하도록 조직 · 관리하고 활용하는 능력인 정보처리능력으로 구성되어 있다.

최근 직업기초능력으로서 정보능력의 중요성은 점차 확산되고 있으나 많은 학교나 기업에서 학습자들이 손쉽게 자신의 정보능력을 배양하거나 습득하는 데 적절한 기본 교재가 거의 없는 실정이다. 따라서 이 교재는 모든 직업인에게 공통적으로 요구되는 정보능력을 학습자 스스로 자기 주도적이고 체험 중심으로 자신의 정보능력을 진단하고 학습하는 것을 목적으로 설계되었고 이를 바탕으로 교재가 제작되었다.

정보능력은 컴퓨터활용능력과 정보처리능력으로 구분된다. Part 1에서는 정보능력에 대한 전반적인 이해를 위해 그 의미와 중요성에 대해 학습하고, 정보화 사회로의 변화와 최근 이슈인 정보윤리 및 정보보안에 대해서도 학습한다. Part 2는 컴퓨터활용능력에 대해 다루며, 컴퓨터의 이론과 스마트 시대의 변화 트렌드에 대해 학습한다. Part 3은 정보처리능력으로 정보의 수집, 가공, 활용까지 정보를 처리해 나가는 사고 흐름과 구체적인 방법론에 대해 학습한다.

본 도서는 학습자들이 직장생활을 시작하는 데 있어 컴퓨터의 기본 이론뿐만 아니라 정보의 수집, 분석, 활용 능력을 구체적으로 학습하고 적용하는 데 중점을 두었으며, 이는 정보능력을 갖추는 데 의미 있는 시간이 될 것이다. 더불어 학습자들이 실제 업무에서 이를 적용하고, 응용해 나감으로써 업무 효율이 향상되기를 기대해 본다.

2019. 1. 저자 일동

활용

직업기초능력으로서의 정보능력이란 업무를 수행함에 있어 기본적인 컴퓨터를 활용하여 필요한 정보를 수집, 분석, 활용하는 능력을 의미한다. 이러한 정보능력은 업무 수행에 필요한 정보를 수집, 분석, 조직, 관리, 활용하는 데 있어 컴퓨터를 사용하는 컴퓨터활용능력과 업무 수행에 필요한 정보를 수집하고, 분석하여 의미 있는 정보를 찾아내며, 찾아낸 정보를 업무 수행에 적절하도록 조직 · 관리하고 활용하는 능력인 정보처리능력으로 구성되어 있다.

따라서 본 도서는 모든 직장인들에게 필수적으로 요구되는 정보능력의 하위영역들을 자기 주도적이고 체험 중심형으로 진단하고 학습하는 것을 목적으로 구성되었다.

구성

본 정보능력 도서의 구성은 크게 활용안내, 사전평가, 학습모듈, 사후평가, 참고자료, 학습평가 정답과 해설로 구성되어 있다.

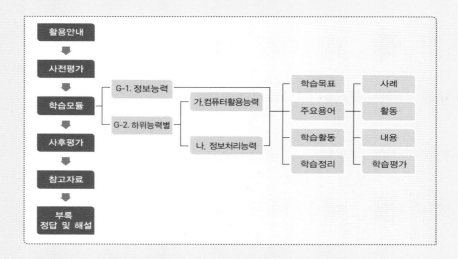

활용안내는 교재의 전체적인 개요와 구성을 설명하고, 학습자에게 교재의 효과적인 활용방법 및 학습방법을 안내하는 역할을 한다. 사전평가는 학습모듈을 학습하기 전에 정보능력에 대한 학습자의 현재 수준을 진단하고, 학습자에게 필요한 학습활동을 안내하는 역할을 한다.

학습모듈은 직업기초능력으로서의 정보능력에 대한 학습모듈과 이를 구성하는 각 하위능력에 대한 학습모듈로 구성되어 있다. 학습목표에는 직업기초능력으로서 정보능력을 향상시키기 위한 학습내용이 제시되어 있으며 미리보기를 통해 학습내용의 중요성과 필요성을 인식할 수 있는 사례가 제시되어 있어서 앞으로 전개될 본문의 내용을 예상해 볼 수 있다.

각 학습활동은 사례탐구, Level up Mission, 내용, Quiz, 학습내용 Review 등으로 구성되어 있으며 해당 학습활동과 관련된 다양한 사례를 통해 이해도를 높였다. 또한 학습자가 스스로 생각해 보고 정리할 수 있는 다양한 미션들이 제시되어 있었다.

내용에는 해당 학습활동과 관련이 있는 다양한 이론과 정보가 제시되어 있으며, Quiz를 통해 해당 학습활동의 성취 수준을 파악할 수 있는 문항이 제시되어 있다. 그리고 Review를 통해 학습모듈의 주요 내용을 한눈에 정리하였다.

사후평가를 통해서는 모든 학습모듈에 대한 학습을 마친 뒤 학습자들이 스스로 자신의 성취수준을 평가하고 부족한 부분을 피드백 받을 수 있도록 하기 위한 체크리스트가 제시되어 있다. 참고자료에는 이 책을 집필하기 위해 정보를 얻은 다양한 참고자료 목록이 제시되어 있으며 마지막에는 각 모듈의 Quiz에 대한 정답과 해설이 정리되어 있다.

☑ 체크리스트

다음은 모든 직업인에게 일반적으로 요구되는 정보능력 수준을 스스로 알아볼 수 있는 체크리스트이다. 본인의 평소 행동을 잘 생각해보고, 행동과 일치하는 것에 체크해보시오.

문항	그렇지 않은 편이다.	보통인 편이다.	그런 편이다.
1. 나는 정보와 자료의 차이가 무엇인지 설명할 수 있다.	1	2	3
2. 나는 정보화 사회의 특징에 대해 설명할 수 있다.	1	2	3
3. 나는 업무수행에 있어서 컴퓨터가 활용되는 분야를 설명할 수 있다.	1	2	3
4. 나는 업무수행에 있어서 정보를 효과적으로 처리하기 위한 절차를 설명할 수 있다.	1	2	3
5. 나는 사이버 공간에서 지켜야 할 예절과 규칙을 설명할 수 있다.	1	2	3
6. 나는 업무와 관련된 중요한 정보의 유출을 방지할 수 있는 방법을 설명할 수 있다.	1	2	3
7. 나는 업무수행에 필요한 인터넷서비스의 종류를 설명할 수 있다.	1	2	3
8. 나는 인터넷을 활용하여 업무수행에 필요한 정보를 검색할 수 있다.	1	2	3
9. 나는 업무수행에 필요한 소프트웨어의 종류 및 특징을 설명할 수 있다.	1	2	3
10. 나는 업무수행에 있어서 데이터베이스 구축의 필요성을 설명할 수 있다.	1	2	3
11. 나는 업무수행에 필요한 정보를 효과적으로 수집할 수 있는 방법에 대해 설명할 수 있다.	1	2	3
12. 나는 업무수행에 있어서 정보분석 및 가공의 중요성을 설명할 수 있다.	1	2	3
13. 나는 업무수행에 필요한 정보를 효과적으로 관리할 수 있는 방법을 설명할 수 있다.	1	2	3
14. 나는 업무수행에 유용한 정보와 그렇지 않은 것을 구분하여 효과적으로 정보를 활용할 수 있는 방법에 대해 설명할 수 있다.	1	2	3

☑ 평가방법

체크리스트의 문항별로 자신이 체크한 결과를 아래 표에 적어보자.

문항	수준	개수	학습모듈	교재 (Chapter)
1-6번	그렇지 않은 편이다.	( ) 개	Part 1 정보능력	Chapter 1, 2, 3, 4
	그저 그렇다.	( ) 개		
	그런 편이다.	( ) 개		
7-10번	그렇지 않은 편이다.	( ) 개	Part 2 컴퓨터활용능력	Chapter 5, 6, 7, 8
	그저 그렇다.	( ) 개		
	그런 편이다.	( ) 개		
11-14번	그렇지 않은 편이다.	( ) 개	Part 3 정보처리능력	Chapter 9, 10, 11
	그저 그렇다.	( ) 개		
	그런 편이다.	( ) 개		

☑ 평가결과

진단방법에 따라 자신의 수준을 진단한 후, 한 문항이라도 '그렇지 않은 편이다'가 나오면 그 부분이 부족한 것이기 때문에, 제시된 학습내용과 교재의 Chapter를 참조해 해당하는 내용을 학습하도록 한다.

Part 01 정보능력

Chapter 03. 정보의 활용

Chapter 04. 정보윤리와 정보보안

Part 02 컴퓨터활용능력

Chapter 05. 컴퓨터의 이론

Chapter 06. 인터넷 정보수집

CONTENTS

Part 03 정보처리능력

Chapter 09. 정보수집 방법

Chapter 10. 정보분석 및 가공

Chapter II. 정보관리 방법

✔ 체크리스트

직업기초능력으로서 정보능력을 학습한 것을 토대로 다음 표를 이용해 자신의 수준에 해당하는 칸에 ○ 표 해보세요.

구분	문항	매우 미흡	미흡	보통	우수	매우 우수
G-1 정보 능력	1. 나는 자료와 정보의 차이점을 설명할 수 있다.	1	2	3	4	5
	2. 나는 정보의 핵심적인 특성에 대해서 설명할 수 있다.	1	2	3	4	5
	3. 나는 정보화 사회의 특징을 설명할 수 있다.	1	2	3	4	5
	4. 나는 정보화 사회에서 내가 필수적으로 해야 할 일이 무엇인지 설명할 수 있다.	1	2	3	4	5
	5. 나는 업무수행을 위해 컴퓨터가 활용되는 분야를 설명할 수 있다.	1	2	3	4	5
	6. 나는 업무수행 중에 컴퓨터를 활용하여 필요한 정보를 찾아낼 수 있다.	1	2	3	4	5
	7. 나는 업무에 필요한 정보를 효과적으로 활용하기 위한 정보처리 절차를 설명할 수 있다.	1	2	3	4	5
	8. 나는 업무에 필요한 정보를 수집하기 앞서서 필요한 정보의 전략적 기획에 대해 설명할 수 있다.	1	2	3	4	5
	9. 나는 인터넷의 문제점(역기능)에 대해서 설명할 수 있다.	1	2	3	4	5
	10. 나는 사이버 공간에서 지켜야 할 예절에는 어떠한 것들이 있는지 설명할 수 있다.	1	2	3	4	5
	11. 나는 나에게 중요한 개인정보가 무엇인지 설명할 수 있다.	1	2	3	4	5
	12. 나는 나의 개인정보를 보호하기 위한 방법을 설명할 수 있다.	1	2	3	4	5
G-2-가 컴퓨터 활용 능력	1. 나는 업무생활에 필요한 인터넷 서비스의 종류 및 특징을 설명할 수 있다.	1	2	3	4	5
	2. 나는 업무를 효과적으로 하기 위해 다양한 인터넷 서비스를 활용할 수 있다.	1	2	3	4	5
	3. 나는 인터넷을 활용하여 필요한 정보를 검색할 수 있다.	1	2	3	4	5
	4. 나는 인터넷 정보 검색을 효율적으로 하기 위한 방법을 설명할 수 있다.	1	2	3	4	5
	5. 나는 업무수행에 필요한 응용 소프트웨어의 특징 및 종류를 설명할 수 있다.	1	2	3	4	5
	6. 나는 응용 소프트웨어를 활용하여 필요한 문서를 제작할 수 있다.	1	2	3	4	5
	7. 나는 데이터베이스 관리시스템이란 무엇인지 설명할 수 있다.	1	2	3	4	5
	8. 나는 데이터베이스 구축의 필요성에 대해서 설명할 수 있다.	1	2	3	4	5

G-2-나 정보 처리 능력	1. 나는 업무를 수행하는 데 필요한 정보를 수집하기 위한 정보원(sources)을 알고 있다.	1	2	3	4	5
	2. 나는 업무를 수행하는 데 필요한 정보를 효과적으로 수집하기 위한 방법을 설명할 수 있다.	1	2	3	4	5
	3. 나는 업무를 수행하는 데 필요한 정보를 분석 및 가공하는 것의 중요성을 설명할 수 있다.	1	2	3	4	5
	4. 나는 업무를 수행하는 데 필요한 정보를 효과적으로 분석하기 위한 절차를 설명할 수 있다.	1	2	3	4	5
	5. 나는 업무를 수행하는 데 필요한 정보를 관리하는 것의 필요성을 설명할 수 있다.	1	2	3	4	5
	6. 나는 업무를 수행하는 데 필요한 정보를 효과적으로 관리하기 위한 방법을 설명할 수 있다.	1	2	3	4	5
	7. 나는 수집한 정보가 활용되는 다양한 형태를 설명할 수 있다.	1	2	3	4	5
	8. 나는 업무수행에 유용한 정보와 그렇지 않은 정보를 구분하여 효과적으로 정보를 활용할 수 있다.	1	2	3	4	5

☑ 평가방법

체크리스트의 문항별로 자신이 체크한 결과를 아래 표를 이용해 해당하는 개수를 적어봅니다.

학습모듈	점수	총점	총점 / 문항 수	교재(Chapter)
G-1 정보능력	1점 × ( )개		총점 / 12 = ( )	Chapter 1, 2, 3, 4
	2점 × ( )개			
	3점 × ( )개			
	4점 × ( )개			
	5점 × ( )개			
G-2-가 컴퓨터활용능력	1점 × ( )개		총점 / 8 = ( )	Chapter 5, 6, 7, 8
	2점 × ( )개			
	3점 × ( )개			
	4점 × ( )개			
	5점 × ( )개			
G-2-나 정보처리능력	1점 × ( )개		총점 / 8 = ( )	Chapter 9, 10, 11
	2점 × ( )개			
	3점 × ( )개			
	4점 × ( )개			
	5점 × ( )개			

☑ 평가결과

평가 수준이 '부족'인 학습자는 해당 학습모듈의 교재 파트를 참조해서
다시 학습하도록 합니다.

모듈별 평균 점수
3점 이상 : 우수
3점 미만 : 부족

정보능력

1
PART

INFORMATION
COMPETENCY

정보능력의
이해

Contents

Learning Objectives

1. 정보능력의 의미와 중요성에 대해 설명할 수 있다.
2. 정보의 정의와 특징에 대해 설명할 수 있다.

1
Chapter

INFORMATION
COMPETENCY

맛집정보 홍수 시대

#. 장면 하나   지난 2월 제주도의 한 고기국수 집 앞. 점심시간이 한참 지났지만 긴 줄이 늘어서 있었다. 한 TV프로그램에서 맛집으로 소개된 집이다. 길 하나를 사이에 두고 훨씬 더 큰 규모로 고기국수를 파는 다른 식당은 파리가 날릴 정도로 한산했다. 부산의 돼지국밥처럼 대표적 서민음식인 고기국수는 사실 식당마다 맛의 차이가 거의 없다고 한다.

#. 장면 둘   "카스테라 사세요." 이달 초 퇴근길 동네 길목에서 그동안 안 들리던 소리가 들렸다. 몇 달 전까지만 해도 가게 앞에서 줄을 서야 겨우 맛볼 수 있을 정도로 성시를 이루던 동네 빵집이었다. 하지만 이 빵집은 한 매체에서 '식용유로 만든 불량 빵'이라는 고발프로그램으로 손님이 뚝 끊겼다. 이 가게는 '노력했지만 방송국의 부당한 정보로 본의 아니게 폐업을 결정했다'는 안내문과 함께 고별정리 세일을 하는 중이었다.

먹거리가 넘치고 관련 정보도 홍수를 이룬다. 브랜드로 신분이 드러나는 옷(의), 사는 동네와 평수로 숟가락 색깔이 나뉘는 집(주)과 달리 밥(식)은 상대적으로 평등하다. 부자든 가난하든 하루 세끼를 먹는다. 가난해도 무리하면 하루 한 끼쯤 맛있는 걸 먹을 수도 있다. 더구나 건강한 먹거리에 대한 관심과 예능이 더해지며 인터넷과 언론 매체에는 경쟁적으로 먹방 프로그램이 넘친다. 먹방, 쿡방, 요섹남 등 먹거리 관련 신조어도 덩달아 늘어나고 관련 정보도 하루가 멀다고 쏟아져 나온다.

인터넷에 '홍대 주말 소개팅'을 검색하면 수백에서 수천 개의 맛집이 뜬다. 개인적으로는 한 다섯 개쯤만 떴으면 좋겠다. 진짜로 맛있는 맛집 말이다.

[출처] 파이낸셜뉴스, 〈맛집정보 홍수 시대〉, 2017.4.20. 발췌

정보의 홍수 시대를 살면서 우리들은 다양한 매체를 통해 정보를 접한다. 때로 거짓 정보들은 대중에게 혼란을 주고 왜곡된 이미지를 심어준다. 예를 들어 선거기간이 다가올 때 특정 후보에 대한 비난으로 가짜뉴스가 등장해 사람들에게 그릇된 인식을 심어주는 경우가 대표적이다.

따라서 불확실하고 넘쳐나는 정보를 무작정 받아들일 것이 아니라 컴퓨터를 통해 내가 얻고자 하는 정보를 수집, 분석, 활용하는 정보능력을 갖추는 것이 중요하다. 본 챕터에서는 정보능력의 의미와 중요성은 무엇인지, 정보의 정의와 특성에 대해 학습해 보고자 한다.

1. 다음 괄호 안에 들어갈 내용은 무엇인가?

> (   )은 업무와 관련된 정보를 수집하고 이를 분석하여 의미 있는 정보를 찾아내며, 의미 있는 정보를 업무수행에 적절하도록 조직하고, 조직된 정보를 관리하며, 업무수행의 이러한 제 과정에 컴퓨터를 사용하는 능력을 말한다.

① 기술능력   ② 수리능력
③ 정보능력   ④ 자원관리능력

2. 다음은 엘렌 켄트로의 지식 삼각형 중 무엇에 대한 설명인가?

> 이것은 이용하는 사람에게 유용한 형태로 처리된 자료로서, 현재 또는 장래의 의사결정에 있어서 실현되거나 가치를 인정받은 것이다.

① 정보   ② 지혜
③ 데이터   ④ 지식

3. 정보능력의 하위요소로 알맞은 것은?

① 의사소통능력   ② 정보활용능력
③ 정보처리능력   ④ 컴퓨터처리능력

1. 정보능력의 의미와 중요성

(1) 정보능력의 의미

정보화 시대는 매일 수십 개의 정보가 생성되고 소멸될 정도로 빠른 변화가 특징이다. 현대사회에서 정보와 지식은 농경사회에서의 토지, 노동 또는 산업사회에서의 자본, 에너지보다 강력한 영향력을 가지고 있다. 정보와 지식의 가치는 사회 각 분야에서 새로운 부를 창출하는 핵심요소로서 인정받고 있다. 따라서 현대인들은 수많은 정보 중에 필요한 정보를 수집하고, 분석하여, 활용할 수 있는 정보능력을 함양하는 노력이 필수적이다.

정보능력이란 업무와 관련된 정보를 수집하고 이를 분석하여 의미 있는 정보를 찾아내며, 의미 있는 정보를 업무수행에 적절하도록 조직하고, 조직된 정보를 관리하며, 업무수행의 이러한 제 과정에 컴퓨터를 사용하는 능력을 말한다.

기초직업능력으로서 정보능력표준에 따른 정보능력의 성취 수준으로 '하' 수준은 업무와 관련된 정보를 컴퓨터가 필요한 일부분에서 이용하고 수집하고 활용하는 데 반해, '중' 수준은 다양한 매체와 방법을 이용하여 수집하고 활용할 수 있으며, '상' 수준은 의미와 가치를 평가할 수 있는 단계이다. 이러한 정보능력은 컴퓨터활용능력과 정보처리능력으로 구성되어 있다.

1) 컴퓨터활용능력

컴퓨터활용능력은 업무수행에 필요한 정보를 수집, 분석, 조직, 관리, 활용하는 데 있어 컴퓨터를 사용하는 능력이다.

2) 정보처리능력

정보처리능력은 업무수행에 필요한 정보를 수집하고, 분석하여 의미 있는 정보를 찾아내며, 찾아낸 정보를 업무수행에 적절하도록 조직, 관리하고 활용하는 능력이다.

급변하는 현재의 직업생활 환경에서 과거의 정보는 업무수행에 전혀 도움이 되지 않으며, 새로운 정보를 신속히 발견하고 정확한 해결책을 창출할 수 있는 정보능력의 향상을

요구하고 있다. 따라서 업무수행에 적합한 정보를 찾아 선택함으로써 업무수행에 적용할 수 있는 정보능력을 함양시키는 것은 매우 중요하다고 할 수 있다.

(2) 정보능력의 중요성

1990년대 초반에 등장한 컴퓨터는 매년 빠르게 성능이 개선되면서 인간의 뇌를 대신해서 연산과 계산을 더 효율적으로 처리할 수 있도록 해주었다. 컴퓨터 덕분에 인간은 더 이상 많은 정보를 기억할 필요가 없어졌다. 기억해야 할 모든 것은 컴퓨터에 파일 형태로 입력해두었다가 필요할 때 출력해서 꺼내 사용할 수 있게 된 것이다. 사무실에 컴퓨터가 등장하면서 수많은 서류는 컴퓨터 속 하드디스크에 파일로 저장되었고, 이후 컴퓨터의 영역은 인터넷의 등장으로 집 안이나 사무실을 넘어 전 세계가 하나로 연결되는 정보화 시대를 이끌었다. 인터넷의 등장은 컴퓨터보다 더 큰 사회적 변화와 산업의 구조적 변화를 일으켰다. 직접 만나서 보고하는 일보다 메일을 이용하는 경우가 많아졌고, 전화를 이용하기보다 메신저를 통해 업무에 관한 대화를 나눈다.

정보의 가치가 중요시되는 정보화 사회는 다음과 같은 특징을 지니고 있다.

첫째, 정보화 사회는 정보의 사회적 중요성이 증대되는 사회로 개인 생활을 비롯한 정치, 경제, 문화의 제반 사회생활에서 정보 의존도가 큰 사회이다.

둘째, 정보화 사회는 컴퓨터 및 전자 통신 기술의 결합인 정보 통신 기술의 발전에 의해 가능해졌으며, 정보 통신의 네트워크화가 이루어져 네트워크 커뮤니케이션이 가능한 사회이다.

셋째, 정보화 사회는 정보화로 인해 산업의 구조가 재화(상품)의 생산에서 정보나 서비스 중심의 생산으로 바뀌는 사회이다. 즉, 정보 산업이 구조적으로 증대되고, 정보 통신 기술과 관련된 직업도 다양해지는 사회라 할 수 있다.

넷째, 정보화 사회에서는 정보가 가장 중요한 자원이 되고, 정보의 가치 생산을 중심으로 사회 전체가 움직이는 사회로 인간의 지적 창조력이 가장 중요시되는 고도의 지식 창출 사회이다.

이와 같이 정보화 사회는 정보가 가장 중요한 사회적 재화로 인식되기 때문에 정보화 사회를 살아가는 사람들은 각자의 생활에 필요한 다양한 정보를 얼마나 효율적으로 습득

해서 활용하느냐가 자신의 삶에 지대한 영향을 주게 된다.

이처럼 모든 직업인들에게 공통적으로 요구되는 기초직업능력으로서의 정보능력은 새로운 산업혁명의 시대를 맞아 중요성이 강조되고 있다. 인터넷에 연결된 컴퓨터를 이용하여 필요한 정보를 신속하게 찾고 정확하게 검색하는 능력이 중요해진 것이다. 만약 컴퓨터와 인터넷 활용방법을 모른다면 학교에서 직장에서 탁월한 성과를 내기 힘들 수밖에 없다. 컴퓨터와 윈도우, 인터넷으로 구성된 정보 사회에서 여러 종류의 새로운 비즈니스 모델이 생겨나면서 이제 어떤 산업에 종사하든 컴퓨터를 활용하는 정보능력을 적극 활용하지 않으면 경쟁에서 밀려날 수밖에 없게 된 것이다.

산업 사회에서 문맹을 결정하는 기준이 문자에 대한 이해를 바탕으로 한다면, 정보 사회에서 문맹을 결정하는 기준은 정보능력에 해당한다. 즉, 정보능력을 갖추었다는 것은 정보사회에서 학습하는 방법을 알고 있다는 것을 의미한다. 도일은 정보활용능력을 갖춘 사람의 특성을 다음과 같이 제시하였다(Doyle, 1994).

① 정보의 필요성을 인지한다.

② 의사결정의 기본은 정확하고 완전한 정보라는 것을 인식한다.

③ 정보 요구에 맞는 정보검색 질문을 생성할 수 있다.

④ 잠재적인 정보원을 확인한다.

⑤ 검색전략을 개발한다.

⑥ 정보기술을 통해 정보원에 접근한다.

⑦ 정보를 평가할 수 있다.

⑧ 상황에 맞게 정보를 적용하기 위해 정보를 조직한다.

⑨ 기존의 지식체계에 새로 검색한 정보를 통합할 수 있다.

⑩ 비평적 사고를 가지고 문제해결을 위해 정보를 사용한다.

[출처] 한상완 · 이지연 · 이재윤 · 최상희, 〈지식정보사회에서의 정보활용〉 참조

이제 현대의 업무환경은 컴퓨터와 인터넷을 모르면 삶이 불편한 수준을 넘어서 업무 자체가 어려울 만큼 정보능력은 필수가 되었다. 4차 산업혁명과 인공지능 기술을 통해 우리를 둘러싼 환경이 어떻게 변화하고 있고, 우리의 업무환경과 업무방식, 산업구조가 어떻게 바뀌고 있는지 관심 있게 지켜보아야 한다. 따라서 정보 사회를 살아가는 우리는 지식과 정보는 무엇이며 어떤 특성을 지니는지, 정보를 올바르게 활용하는 능력을 갖추는 것이 반드시 필요하다.

 Level up Mission Step

☎ 10년 전과 비교해볼 때, 달라진 우리의 일상은 무엇이 있는지 각자 적어보자. 향후 정보능력을 갖추지 못하면 정보의 접근과 활용능력이 떨어지면서 사회 부적응 및 업무능력도 취약해질 수 있다. 아래 [사례]를 참고하여 오늘날 정보화 사회에서 필요로 하는 인재상은 어떠하며, 정보능력을 갖추기 위한 방안에 대해 토론해보자.

10년 전

현재

현대 사회가 요구하는 인재상, 정보능력을 갖추기 위한 방안

사 례

직업인 10명 중 1명 '4차 산업혁명 핵심기술 업무에 활용'

직업인 10명 중 1명 정도가 인공지능 · 빅데이터 · 사물인터넷 등 4차 산업혁명 핵심기술을 직무에 활용하고 있는 것으로 조사됐다. 또 30대 이하 정규직 대졸 남성의 첨단기술 활용도가 다른 계층에 비해 상대적으로 높은 것으로 나타났다.

31일 한국고용정보원이 23개 직종 재직자 1천12명을 대상으로 4차 산업혁명 8개 핵심기술의 업무활용도를 조사한 결과에 따르면 응답자의 9.3%가 업무에 이들 기술을 활용하는 것으로 집계됐다. 제4차 산업혁명 핵심기술 8개는 인공지능$^{(AI)}$ · 빅데이터 · 클라우드 · 사물인터넷$^{(IoT)}$ · 자동화 로봇 · 가상현실$^{(VR)}$ · 3D 프린터 · 드론 등이다. 8개 기술 가운데 가장 많이 활용되고 있는 것은 클라우드$^{(20.8\%)}$였으며, 활용도가 가장 낮은 것은 드론$^{(1.3\%)}$이었다.

직종에 따라 산업혁명 핵심기술을 사용하는 정도는 다르게 나타났다. 기계관련직은 스마트 팩토리 · 로봇의 도입 확대로 자동화 로봇 · 인공지능 활용도가 높았다. 특히 조립업무 · 안전교육에 가상현실 기술을 활용하는 것으로 추정됐다. 정보통신관련직은 인공지능 · 빅데이터 · 클라우드의 활용도가 높았다. 전기 · 전자관련직은 반도체와 같은 정밀부품을 생산할 때 자동화 로봇을 자주 활용하고 있으며, 드론과 빅데이터 등 다른 핵심기술도 비교적 활발히 사용했다.

고객에게 자산 관리나 투자 조언을 하는 금융 · 보험직은 빅데이터와 인공지능 활용도가 높았다. 관리직은 클라우드와 빅데이터를 다른 기술보다 많이 활용했다. 영업 · 판매 관련직은 소비자의 욕구를 파악하기 위해 빅데이터를 분석해서 마케팅을 수행하는 사례가 많았다.

[출처] 연합뉴스, 직업인 10명 중 1명 '4차 산업혁명 핵심기술 업무에 활용' 2018.1.31. 발췌

2. 정보의 정의와 특징

(1) 정보의 정의

오늘을 사는 우리에게 정보라는 용어는 컴퓨터가 일반화된 것만큼 일상적이고 보편화된 개념이다. 정보개념은 심리학, 철학, 언어학, 행동과학, 공학 등 거의 모든 분야에서 사용되고 있으며, 이것은 '정보'(information)를 바라보는 관점에 따라 해석이 다양하다는 것을 의미한다. 정보의 다양한 정의는 다음과 같다.

- 의미 있는 자료로서 수신자의 행위를 바꾸는 자료이다(Daft, 1991).
- 의사결정자에게 의미 있는 형태로 분석, 처리된 자료이다(Bartol and Martin, 1991).
- 불확실성을 감소시키는 모든 것, 즉 엔트로피를 감소시키는 도구이다(Shannon, 1949).
- 의사결정자의 행동 선택에 도움을 줄 때 정보는 효율성(utility)을 지닌다(Harrington, 1985).
- 정보의 가치는 의사결정 행위 변화의 가치 정도에 따라 결정된다(Davis and Olson, 1985).
- 특정 상황이나 문제를 묘사하기 위해 조직화된 사실이나 데이터로 구성된다(Brooking, 1996).
- 데이터는 가치가 평가되지 않은 메시지, 정보는 특정 상황에서 평가된 데이터에 대한 표시, 지식이란 정보의 개념을 보다 일반적으로 표현한 것이다(McDonough, 1963).
- 정보는 존재하는 것으로 의미를 가질 필요는 없다(Stonier, 1990).

[출처] 조윤희, 〈정보사회론〉 참조

정보와 지식, 자료의 고전적인 구분은 McDonough(1963)가 저술한 〈정보경제학 (Information Economics)〉에서 시도하였다. McDonough는 비교적 단순한 방법으로 정보와 지식, 자료를 구분하고 있다. 즉, 자료는 '가치가 평가되지 않은 메시지', 정보는 '특정상황에

서 평가된 자료', 지식은 '정보가 더 넓은 시간·내용의 관계를 나타내는 것'이라고 정의하였다. 이를 요약하면 다음과 같다.

> **자료**(data) : 평가되지 않은 메시지
> **정보**(information) : 자료 + 특정 상황에서의 평가
> **지식**(knowledge) : 자료 +장래의 일반적인 사용평가

McDonough는 그 책의 많은 부분에서 정보와 지식을 교환 가능한 용어로 사용하고 있지만 일반적으로 자료와 정보, 지식과의 관계는 '자료⊇정보⊇지식'와 같은 포함관계로 나타낼 수 있다. 이러한 포함관계는 엘렌 켄트로의 지식 삼각형에서 잘 표현되고 있다. 엘렌 켄트로는 가장 기본적인 하단부터 자료, 정보, 지식의 순으로 삼각형을 구성하도록 표현하고 있으며, 지식 위에 특별히 지혜를 포함시키고 있다.

[그림 1-1] 엘렌 켄트로의 지식 삼각형

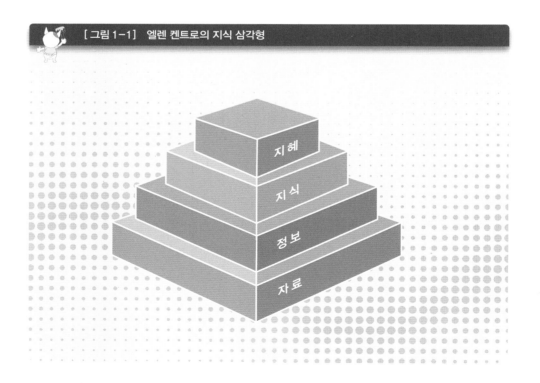

1) 자료(data)

정보와 관련된 가장 기본적인 개념은 자료(data)이다. '자료'란 정보 작성을 위하여 필요한 데이터를 말하는 것으로, 이는 '아직 특정의 목적에 대하여 평가되지 않은 메시지'를 뜻한다. 즉, 자료는 정보의 원재료를 정보의 형태로 전환시켜주는 상징 또는 신호의 형태로서 정보라는 완전한 실체로 구현되기까지 수록되고 검색되는 대상을 의미한다.

2) 정보(information)

정보란 컴퓨터의 일정한 프로그램에 따라 자료를 처리, 가공함으로써 특정한 목적을 달성하는 데 필요하거나 특정한 의미를 가진 것으로 다시 생산된 것을 뜻한다. 즉, 정보는 그것을 이용하는 사람에게 유용한 형태로 처리된 자료(data)로서, 현재 또는 장래의 의사결정에 있어서 실현되거나 또는 가치를 인정받은 것이라고 할 수 있다.

3) 지식(knowledge)

지식이란 어떤 특정의 목적을 달성하기 위해 과학적 또는 이론적으로 추상화되거나 정립되어 있는 일반화된 정보를 뜻하는 것으로, 어떤 대상에 대하여 원리적 · 통일적으로 조직되어 객관적 타당성을 요구할 수 있는 판단의 체계를 제시한다.

일반적으로 자료, 정보, 지식은 혼용되어 사용되기도 한다. 자료는 정보를 구성하는 요소라고 할 수 있다. 주로 컴퓨터 언어로 사용되어 입력기호, 숫자, 문자 등으로 표현된다. 자료는 특정인의 특정한 목적을 위해 사용되는 평가되지 않은 메시지인 것이다. 이러한 관점에서 정보는 아직 구체화되지 않은 자료와 구분된다. 컴퓨터의 일정한 프로그램에 따라 자료가 처리되면, 그 결과로 의미 값을 갖는 정보를 생성하게 된다. 이 과정에서 생성되는 정보는 어떤 목적성을 가지고 자료들 속에서 필요한 요소를 선택, 분석, 평가하여 얻은 결과물이 된다.

(2) 정보의 특징

정보는 책상이나 의자와 같이 동시에 두 사람 이상이 점유할 수 없는 물체와는 달리 동시에 여러 사람이 이용할 수 있다는 특징이 있다. 일반 재화와 구별되는 정보는 다음과 같은 특징을 가지고 있다.

① 무형성

정보는 그 자체로 어떤 물리적 형태를 가지고 있지 않다. 즉, 눈에 보이는 형태는 갖지 않고, 다만 표현된 내용으로서만 존재한다.

② 시한성

재화로서의 정보는 시한성을 지닌다. 정보는 수요자가 원하는 시간에 전달되어야 하며, 만일 원하는 시간에 전달되지 않는다면 정보로서의 가치는 사라진다. 즉, 시효가 지나면 정보의 가치는 떨어지므로, 대부분의 정보는 전달 및 획득속도와 획득시점이 중요하다.

③ 공유성

특정한 목적의 비밀정보가 아닌 이상 일반적인 정보를 개인이 독점하기는 어렵다. 정보는 필요한 여러 사람에게 짧은 시간 내 공유할 수 있으며, 공유된 정보를 바탕으로 사람들 사이 커뮤니케이션이 활성화된다.

④ 보존성

저비용으로 장시간 보존이 가능하며, 보존 장소도 비교적 적은 공간을 필요로 한다. 정보의 가치는 시간이 경과함에 따라 변화되지만 다른 물건과 달리 그 경제적 가치가 시간의 경과 정도에 따라 감가상각되는 건 아니다.

⑤ 누적가치성

정보는 생산되고 축적될수록 가치가 증가한다. 즉, 정보의 양이 늘어나게 되는 만큼 가치도 함께 오르게 된다. 이는 빅데이터의 사례에서 볼 수 있듯이 적은 정보를 기반으로 판단하는 것보다 많은 양의 정보를 수집해서 분석, 처리할수록 보다 더 정확하고 양질의 결과를 얻을 수 있기 때문에 가치가 높아지는 것이다.

정보는 그것을 이용하는 사람에게 유용한 형태로 처리된 자료로서, 현재 또는 장래의 의사결정에 있어서 실현되거나 가치를 인정받은 것이다. 위와 같은 정보의 특징을 잘 이해하여 정보의 이용을 극대화하는 것이 필요하다.

정보의 질적 조건

우리가 필요로 하는 정보의 가치는 여러 가지 상황에 따라서 아주 달라질 수 있다. 다시 말해 정보의 가치를 평가하는 절대적인 기준은 없다는 것이다. 즉, 정보의 가치는 우리의 요구, 사용 목적, 그것이 활용되는 시기와 장소에 따라서 다르게 평가된다.

1. 적합성(relevance)

정보가 필요한 사안의 의사결정에 있어 그 정보가 어느 정도 관련성이 있는가를 나타내는 것으로서 정보가 의사결정에 기여하는 정도에 따라 그 적합성의 정도를 판단한다.

2. 적시성(timeliness)

정보의 시간적 효용성을 나타내는 것으로서 정보는 시간에 따라 그 가치가 변화하여 의사결정이 행해지는 시점에서 정보의 효용성이 가장 극대화된다. 따라서 정보는 의사결정이 이루어지는 적시의 필요한 시점에 제공되어야 가장 가치가 높게 된다.

3. 정확성(accuracy)

정보의 내용이 어느 정도 사실과 부합되는가를 나타내는 것으로서 정보의 정확성에 따라 의사결정의 방향과 대응방안이 달라지기 때문에 정확성은 정보의 생명이라고 할 수 있다. 일반적으로 정보의 정확성은 수집된 자료에 대한 신빙성의 정도를 판단하는 것에서부터 시작된다.

4. 객관성(objectivity)

정보가 주관에 좌우되지 않고 언제 누가 보아도 그러하다고 인정되는 것으로서 의사결정에 필요한 판단근거를 제공하는 매우 중요한 역할을 하게 된다. 그러나 정보의 생산자나 사용자의 특정 의도에 따라 정보가 주관적으로 왜곡될 가능성이 상대적으로 높다. 궁극적으로 정보의 객관성 상실은 적합성, 적시성, 정확성을 모두 무용지물로 만든다.

이처럼 정보의 가치는 우리의 요구, 사용 목적, 그것이 활용되는 시기와 장소에 따라서 다르게 평가된다.

[출처] 조윤희, 〈정보사회론〉, 참조

 Level up Mission Step

📞 아래 [사례]는 데이터를 구조화하여 가치 있는 정보를 생성하는 것의 중요성을 말하고 있다. 우리는 신문, 잡지, 도서, 방송, 뉴스, 세미나, 소문 등으로부터 수많은 데이터를 획득하게 된다. 당신의 주위에서 수집할 수 있는 데이터를 적어보고, 이 자료를 구조화하여 얻을 수 있는 정보는 어떤 것들이 있을지 아이디어를 작성해보자.

예 인터넷 서핑 → 자주 이용하는 사이트 나만의 북마크 해두기

사례

정보에 가치를 불어넣는 데이터베이스화

우리는 잡동사니를 아무렇게 모아놓고 '데이터'라고 하지 않는다. 언제 어디서나 자신이 필요할 때 바로 사용할 수 있도록 체계적으로 분류, 관리해 놓은 것을 '데이터'라고 한다. 데이터의 존재 가치는 데이터베이스로 인덱싱(indexing)될 때 시작되는 것이다.

우리 주변에서 수집 가능한 데이터는 정보의 형태로 존재한다. 이 정보가 사람의 두뇌에 입력되면 각자가 가진 경험의 차이에 의해 숙성되어 지식으로 쌓인다. 그리고 이 지식이 축적되면 점차 지혜가 된다. 이러한 변화과정 속에서 자연스럽게 우리의 업무역량도 성장한다.

데이터는 도처에 있고 누구에게나 개방되어 있다. 컴퓨터와 인터넷의 등장으로 누구나 인터넷에 공개된 데이터에 접근할 수 있다. 2000년경에만 해도 '정보검색사 자격증'이라는 것이 있을 정도로 데이터에 접근하는 것이 쉬운 일이 아니었다. 하지만 검색엔진의 진화로 이제는 누구나 데이터에 쉽게 접근할 수 있다.

이제는 데이터에 접근하는 것이 문제가 아니라 데이터를 체계적으로 구분, 분류하는 것이 더 중요해졌다. 데이터가 잘 분류되어 있지 않으면 검색엔진이 데이터를 수집하기 어렵다. 따라서 수집하기 어려운 데이터는 검색에 잘 노출되지 않거나 검색하더라도 검색결과의 맨 끝에 노출된다. 이러한 데이터는 사용자에게 도달할 확률이 줄어들게 마련이다.

반대로 사용자 역시 검색을 통해 수집한 데이터를 평소 체계적으로 구분하고 분류해서 인덱싱해 두는 것이 중요하다. 필요할 때에 빠르게 해당 데이터에 접근하려면 평소 데이터의 인덱싱이 중요하다. 또한 이 과정을 통해 데이터가 구조화되어 좀 더 머릿속에 체계적인 지식으로 각인되기 쉬워진다.

[출처] 김지현, 〈호모 스마트쿠스로 진화하라〉 참조

학습평가 Quiz

1. 다음 중 정보능력의 하위요소로 알맞은 것을 두 가지 고르시오.

① 정보검색능력   ② 정보활용능력

③ 정보처리능력   ④ 컴퓨터활용능력

2. 다음 중 도일(Doyle, 1994)이 제시한 정보활용능력이 아닌 것은 무엇인가?

① 정보의 필요성을 인지한다.

② 잠재적인 정보원을 확인한다.

③ 기존 지식은 무시하고 새로 검색한 정보를 사용한다.

④ 정보를 평가할 수 있다.

3. McDonough는 정보와 지식을 교환 가능한 용어로 사용하고 있지만 일반적으로 자료와 정보, 지식과의 관계는 '자료⊇정보⊇지식'와 같은 포함관계로 나타낼 수 있다. 다음 중 괄호 안에 들어갈 단어는 무엇인가?

> (　　　)은/는 어떤 특정의 목적을 달성하기 위해 과학적 또는 이론적으로 추상화되거나 정립되어 있는 일반화된 정보를 뜻하는 것으로, 어떤 대상에 대하여 원리적·통일적으로 조직되어 객관적 타당성을 요구할 수 있는 판단의 체계를 제시한다.

① 인공지능   ② 지식

③ 지혜   ④ 빅데이터

4. 다음은 무엇에 대한 설명인가?

> (A)은/는 컴퓨터의 일정한 프로그램에 따라 자료를 처리, 가공함으로써 특정한 목적을 달성하는 데 필요하거나 특정한 의미를 가진 것으로 다시 생산된 것을 뜻한다. 즉, (A)은/는 그것을 이용하는 사람에게 유용한 형태로 처리된 자료(data)로서, 현재 또는 장래의 의사결정에 있어서 실현되거나 또는 가치를 인정받은 것이라고 할 수 있다.

(A) : _____

5. 자료, 정보, 지식의 차이에 대해서 서술하시오.

학습내용 요약 Review (오늘의 Key Point)

1. 정보능력이란 업무와 관련된 정보를 수집하고 이를 분석하여 의미 있는 정보를 찾아내며, 의 미 있는 정보를 업무수행에 적절하도록 조직하고, 조직된 정보를 관리하며, 업무수행의 이러 한 제 과정에 컴퓨터를 사용하는 능력을 말한다.

2. 컴퓨터활용능력은 업무수행에 필요한 정보를 수집, 분석, 조직, 관리, 활용하는 데 있어 컴퓨 터를 사용하는 능력이다.

3. 정보처리능력은 업무수행에 필요한 정보를 수집하고, 분석하여 의미 있는 정보를 찾아내며, 찾아낸 정보를 업무수행에 적절하도록 조직, 관리하고 활용하는 능력이다.

4. 산업 사회에서 문맹을 결정하는 기준이 문자에 대한 이해를 바탕으로 한다면, 정보 사회에서 문맹을 결정하는 기준은 정보능력에 해당한다. 즉, 정보능력을 갖추었다는 것은 정보 사회에 서 학습하는 방법을 알고 있다는 것을 의미한다.

5. 정보의 질적 조건은 적합성, 적시성, 정확성, 객관성 4가지로 구분된다.

6. McDonough는 비교적 단순한 방법으로 자료와정보, 그리고 지식을 구분하고 있다. 즉, 자료 는 '가치가 평가되지 않은 메시지', 정보는 '특정 상황에서 평가된 자료', 지식은 '정보가 더 넓 은 시간·내용의 관계를 나타내는 것'이라고 정의하였다.

7. 정보는 그것을 이용하는 사람에게 유용한 형태로 처리된 자료로서, 현재 또는 장래의 의사결 정에 있어서 실현되거나 가치를 인정받은 것이다. 정보의 특징은 무형성, 시한성, 공유성, 보 존성, 누적가치성이 있다.

 스스로 적어보는 오늘 교육의 메모

정보화 사회로의
변화

Contents

Learning Objectives

1. 정보화 사회의 의미와 특징에 대해 설명할 수 있다.
2. 정보화 사회의 기술발달과 우리의 책임에 대해 설명할 수 있다.

2
Chapter

INFORMATION
COMPETENCY

이야기 속으로 ...

'빅데이터'가 바꾼 도시라이프 – 어느 회사원의 하루

미혼 직장인인 김남준씨(32 · 가명)는 매일 아침 일어나면 스마트폰으로 날씨와 미세먼지 정보를 체크한다. 환경관리공단에서 운영하는 '에어코리아'는 전국 각 지점에 설치한 센서 정보와 기상 정보를 데이터화해 실시간으로 미세먼지 예보를 제공한다. 미세먼지가 '나쁨' 단계인 날엔 꼭 미리 준비해 놓은 황사 마스크를 챙겨 나간다.

버스를 이용해 매일 아침 광화문에 있는 회사로 출근하는 그는 정류장마다 설치된 버스정보안내단말기(BIT)를 통해 버스가 5분 후 도착한다는 정보를 파악하고 차분하게 버스를 기다린다. 단말기는 버스가 '혼잡'한지 '여유'가 있는지 여부도 알려준다. 버스가 '혼잡'하다는 안내에 마음의 준비를 한 그는 만원버스에 구겨지듯 올라탄다.

불편함도 잠시뿐 몇 정거장이 지나 지하철 환승역에 도착하자 많은 사람들이 하차해 자리를 잡을 수 있었다. 걸음 수를 관리해주는 '워크온' 앱을 열어보니 요즘 하루 평균 4,700보 밖에 걷지 못했다. 또래 나잇대 평균 걸음 수 6,800보에 한참 못 미친다. 좀 더 걷고 주말을 틈타 운동을 해야 겠다 다짐했다.

점심 후 신용카드를 결제하니 할인 가능한 인근 지역 가맹점 및 맛집 등 정보가 전송된다. 다음엔 '할인되는 음식점에 가봐야지'란 생각이 절로 든다. 이메일을 열어보니 자주 가는 쇼핑몰 쿠폰이 와 있다. 최근 옷을 많이 샀더니 의류 할인 쿠폰이다. 옷을 또 사야할지 고민에 잠시 빠졌다.

이날은 맡은 프로젝트 시한이 다가와 꼼짝없이 야근을 해야 했다. 야근을 마치고 밤 12시쯤 무거운 몸을 이끌고 회사를 나섰다. 버스가 끊겨 택시를 잡으려다 집 근처까지 가는 올빼미버스가 있다는 생각이 들었다. 버스는 늦은 밤이지만 많은 사람들로 붐볐다. 교통 정보 빅데이터를 기반으로 사람들이 많이 이동하는 지역에 올빼미버스 노선을 정했기 때문이다.

[출처] 머니투데이, 〈우리 동네 옷가게 잘될까... 빅데이터 曰 '안됩니다'〉, 2018. 1. 25. 발췌

정보화 사회에서 스마트폰은 우리가 인식하지 못할 정도로 조금씩 생활에 스며들면서 삶의 방식을 바꾸고 있다. 예전에는 얻지 못했던 정보와 특정 지역에 가야만 알 수 있었던 정보를 이제 손가락 몇 번만 움직이면 내가 원하는 정보를 쉽게 얻을 수 있다. 본 챕터는 급변하는 정보화 사회에서 정보화 사회의 개념과 특징은 무엇인지, 정보화 사회의 미래에 대해 학습해 보고자 한다.

1. 다음은 무엇에 대한 설명인가?

> (   ) 사회란 컴퓨터 기술과 정보통신 기술이 결합하여 사회 각 분야에서
> 필요한 정보의 축적, 처리, 전달 능력이 증대되어 가치 있는 정보의 생산이 사회
> 의 중심을 이루면서 경제와 사회가 발전되어 가는 사회이다.

① 디지털   ② 정보화

③ 지식화   ④ 스마트

2. 다음은 정보화 사회의 특징 중 무엇에 대한 설명인가?

> 무선통신과 콘텐츠를 중심으로 정보 전달 매체가 다양하게 변하고, 생활 속에서
> 도 사용자를 중심으로 다양한 정보 매체를 활용하는 패턴으로 급변함

① 정보 매체 증가   ② 정보 공해 현상

③ 컴퓨터 범죄   ④ 기업 혁신

3. 정보화 사회에서 우리의 책임이 아닌 것은?

① 정보 검색   ② 정보 관리

③ 정보 복제   ④ 정보 전파

1. 정보화 사회의 의미와 특징

(1) 정보화 사회의 의미

정보는 현대 사회를 설명하는 중요한 요소 중 하나이다. 정보사회에 대한 최초 개념화는 1960년대 일본 학자들에 의해 이루어졌고, 1968년 미국과 일본의 미래학자 심포지엄에서 후기 산업 사회를 정보화 사회라고 부르자는 일본학자의 제안이 채택되어 통용되기 시작했다. 정보화 사회는 '정보화가 진행 중인 사회'(a society being informatized)의 정보 사회로 변화하는 측면을 강조하는 개념으로 사용되었고, 정보 사회는 '정보화가 이루어진 사회'(informatized society)로 표현된다. 정보화 사회에서 정보와 지식은 유형자산이 중시되던 시대에서 벗어나 무형자산이 사회의 핵심동력으로 자리잡게 되었고, 정보의 생산과 전달로 사회 전체가 움직이게 된다.

농사를 짓던 사회를 농경 사회라 하고, 공장에서 물건을 대량으로 생산하던 사회를 산업 사회라고 한다면, 정보화 사회는 지식과 정보가 가장 중요시되는 사회를 말한다. 정보화 사회란 컴퓨터 기술과 정보통신 기술이 결합하여 사회 각 분야에서 필요한 정보의 축적, 처리, 전달 능력이 증대되어 가치 있는 정보의 생산이 사회의 중심을 이루면서 경제와 사회가 발전되어 가는 사회라고 할 수 있다. 즉, 정보화 사회에서 중요한 것은 정보와 지식이다. 정보가 될 수 있는 자료의 처리, 저장, 검색은 모든 사회적, 경제적 교환에 중요한 재화가 된다.

1973년 다니엘 벨(Daniel Bell)은 〈탈산업사회의 도래〉에서 컴퓨터의 발전으로 인해 기존 제조업 위주의 산업화 사회가 끝나고 지식과 정보가 사회 발전을 이끌어가는 원동력이 되는 탈산업화 사회를 주장하였다. 그는 산업 사회와 후기 산업 사회의 차별성을 다음과 같이 강조한다.

- 제조업 중심에서 서비스업 중심의 산업구조로 이행한다.
- 권력의 원천이 지식으로 이동함으로써 고급인력 전문기술직 분야가 성장하는 직업 분포의 전환이 일어난다.
- '이론적 지식'이 중심을 이루는 사회가 된다.
- 미래 지향적인 기술 통제와 평가가 불가피하다.
- 최선의 의사결정을 지원하는 지적 기술이 창출된다.

정보화 사회는 사회의 복잡성과 변화로 인한 불확실성을 극복하기 위하여 정보수요가 급격히 증가하고, 이에 따라 정보의 생산과 유통이 늘면서, 이들을 수용하기 위한 새로운 매체와 정보기술이 빠르게 발달하는 사회이다. 따라서 개인의 생활을 비롯하여 정치, 경제, 문화, 교육, 스포츠 등 거의 모든 분야의 사회생활에서 가치 있는 정보에 의존하는 경향이 점점 더 커질 수밖에 없다. 이처럼 정보화 사회는 인간이 현대 사회에 적응해서 살아가는 데 필요한 정보를 수집, 생산, 가공, 저장하는 과정을 통해 정보의 유통을 확산시켜 나가고 이러한 행위가 사회 전반에 보편화된 사회를 말한다.

(2) 정보화 사회의 특징

정보화 사회는 정보공유와 네트워크의 발달로 탈규격화, 다원화를 이루었으며, 개인의 창의성에 기반을 둔 개방과 소통의 확대를 추구하고 있다. 그러나 정보화의 급격한 진행에 비해 의식과 제도는 산업 사회적인 관행에서 완전히 벗어나지 못해 일부 혼란이 발생되기도 한다. 다음은 산업 사회와 정보 사회의 특징을 비교한 표이다.

[표 2-1] 산업 사회와 정보 사회의 비교

구분	산업 사회	정보 사회
주요 인프라	철도, 도로, 산업기반, 자본	유무선 네트워크, RFID/USN
주요 산업	제조업 (철강, 조선, 자동차 등)	정보통신(기기, N/W, S/W콘텐츠 등) 유통, 미디어 레저 등
생활 문화	획일화된 문화 물리적 생활수준 향상 추구	탈규격화, 다양화, 탈획일화 정신적 욕구, 개인의 가치 충족
생산과 소비	수량 중시 (규격화된 대량생산, 대량소비)	품질 중시 (다품종 소량, 웰빙 추구, 감성 소비)
기본 소양	표준화된 공급 중심의 교육 대량생산체제에 적합한 기술 및 자격	창의력, 창조력 정보활용능력(정보 생산, 가공, 검색 등)
활용 공간	실제 공간(광역화, 도시화, 세계화)	실제 공간 + 온라인(사이버, 가상환경)

앨빈 토플러는 〈제3의 물결〉에서 제1의 물결은 토지를 기반으로 한 농업혁명, 제2의 물결은 자본을 원천으로 한 산업혁명, 제3의 물결은 지식과 정보를 바탕으로 정보혁명을 통해 정보화 사회가 형성될 것이라고 주장했다. 정보화 사회에서는 정보와 지식에 기반을 둔 고도의 과학 기술 문명이 사회 변화를 이끌어가는 거대 물결이 된다는 것이다. 최근에는 ICT(Information and Communication Technology) 정보통신 기술 관련 기업의 성장으로 하드웨어와 소프트웨어 기술을 활용한 각종 애플리케이션도 산업 전반에 접목되고 있다. 정보화 사회에서는 컴퓨터 기술 및 ICT를 토대로 한 정보의 기획, 수집, 보관, 활용 능력이 중요한 역할을 한다. 이러한 사회구조의 변화는 과거 산업화 사회에서 정보화 사회로 인간의 사고방식과 삶의 변화를 만들어가고 있다. 정보화 사회의 특징을 정리해보면 다음과 같다.

[표 2-2] 정보화 사회의 특징

구분	특징	활용매체
자동화 사회	정부, 기관, 회사, 가정, 빌딩, 상점 등 산업의 중심이 ICT 기반인 사회	통신(인터넷)
가정 중심 사회	재택근무나 이러닝과 같이 시공간을 초월한 근무, 교육 환경의 가정 중심 사회	이러닝(가상교육)
기업 혁신	ICT 융합을 기반으로, IT 정보화 사회를 기준으로 한 글로벌 경영 방식으로 급속히 전환하거나 추진 중임	ICT 융합
정보 매체 증가	무선통신과 콘텐츠를 중심으로 정보 전달 매체가 다양하게 변하고, 생활 속에서도 사용자를 중심으로 다양한 정보 매체를 활용하는 패턴으로 급변함	모바일 인터넷, 스마트폰, 웹진, VOD, 인스턴트 메시징, SNS
정보 공해 현상	인터넷과 스마트폰의 활성화로 정보 검색이 쉬워지자 방대한 정보가 오히려 창의력과 사고력, 감수성을 떨어뜨리고, 인간성 상실과 IT 신기술에 의한 테크노스트레스(technostress)도 생기게 됨	SNS, IT 신기술
개인 정보 침해	공개 카페나 블로그 또는 SNS(페이스북, 트위터 등)에서 개인 정보가 무분별하게 침해될 수 있으며, 금융 기관이나 정부 기관의 부주의로 개인 정보가 공개되거나 유출되기도 함	카페, 블로그, SNS를 통한 개인 정보 침해
컴퓨터 범죄	관리 소홀로 유출된 개인 정보(전화번호, 이메일 주소, 주민등록번호)로 금융 이득을 노리는 각종 범죄(파밍, 스미싱, 보이스 피싱 등)가 사회 혼란을 초래함	개인 정보 관련 서류(개인 정보 유출)
정보의 홍수	포털 업체에서 제공하는 무료 대용량 저장장치 서비스, 인스턴트 메시징 서비스, 무료 전화 서비스 등을 잘못 사용하여 소중한 정보와 자원이 남발됨	클라우드, 메일, 인스턴트 메시징, 인터넷 전화

 Level up Mission Step

☎ 정보화 사회의 의미와 특징에 대해 학습하면서 새롭게 알게 되거나 느낀 점이 있다면 무엇인지 적어보자. 또한 정보화 사회로 전환을 통해 우리 사회에 미치게 될 영향은 무엇이 있을지 작성해보자.

새롭게 알게 되거나 느낀 점

우리 사회에 미치게 될 영향

사 례

전 세계 유일의 디지털 국가 꿈꾸는 에스토니아

'발트해의 호랑이', 'IT강국', '북유럽의 실리콘밸리'

디지털 혁신을 통해 지난 20여 년간 연간 1인당 GDP를 열다섯 배나 늘리며 급성장한 에스토니아는 1991년 구소련에서 독립할 때까지만 해도 대부분의 집에 전화기조차 없을 정도로 가난했다. 4차 산업혁명의 중심에 선 에스토니아의 비결은 무엇일까?

에스토니아의 디지털 환경은 세계 최고의 편리함과 투명성을 자랑한다. 에스토니아에서는 도시 어디에서나 와이파이를 무료로 사용할 수 있고, 지난 2000년에는 세계 최초로 '인터넷 접속권'을 인권으로 선언했다. 행정 또한 전자정부 시스템으로 투명하게 이뤄지고 있다. 모든 시민은 전자 서명을 기초로 한 아이디카드인 'e-레지던시'를 사용하는데, e-레지던시를 이용하면 금융, 통신, 교육, 사업 등 모든 디지털 서비스를 자유롭게 이용할 수 있다.

2015년 에스토니아는 새로운 실험을 시작했다. 바로 '디지털 국가' 선언이다. 100유로, 우리 돈 12만원이면 누구나 에스토니아의 디지털 시민이 될 수 있다. 심사를 거쳐 e-레지던시를 발급받으면 에스토니아의 모든 디지털 서비스를 내국인과 똑같이 이용할 수 있다. 회사를 창업할 수 있고, 은행에서 계좌도 개설할 수 있고, 디지털 서명을 이용한 모든 계약이 가능하다. 참정권을 제외한 모든 권리를 누린다고 봐도 무방하다.

그 결과 인구 40만의 수도 탈린은 유럽에서 가장 많은 스타트업이 탄생하는 혁신도시가 되었다. 좁은 국토의 한계를 디지털로 확장하겠다는 기발한 발상으로 전 세계 유일의 디지털 국가를 향해 나아갈 수 있었던 원동력은 소프트웨어 인재 양성에 있다. 현재 에스토니아에서는 유치원에서부터 기초 코딩 교육을 하고 있다. 이 과정에서 아이들은 로봇공학뿐 아니라 수학을 배우고, 협동하는 방법과 문제를 해결하는 방법을 익힌다. 이러한 교육을 토대로 에스토니아의 수학 과목 점수는 매년 꾸준히 올라 2012년 평가에서는 교육 강국 핀란드를 앞질렀다.

[출처] 김지현, 〈호모 스마트쿠스로 진화하라〉 참조

2. 정보화 사회의 기술발달과 책임

(1) 정보화 사회의 기술발달

정보통신 기술의 급속한 발달은 정치, 경제, 문화 등 사회 전반에 걸쳐 우리 생활의 변화를 가져왔다. 현대인은 아침에 일어나자마자 스마트폰으로 날씨를 확인한다. 학교나 직장에 가는 길에는 스마트폰으로 인터넷 강의를 듣거나 신문기사를 검색한다. 학교에 가서도 연필이나 노트가 아닌 노트북, 태블릿PC로 필기하고 모르는 내용은 실시간으로 인터넷 검색을 통해 확인한다. 전자상거래를 통해 물건을 사고팔며, 금융 애플리케이션을 이용해 은행에 직접 가지 않고도 인터넷 뱅킹으로 입금한다. 인터넷 서점을 통해 서점에 가지 않고도 책을 구입하고, 외국에 있는 친구도 SNS(Social Networking System)를 통해 안부를 묻고, 자료를 전하며, 영상통화를 한다.

현재 우리는 지식과 정보의 생산, 유통, 소비 등의 산업 활동을 비롯한 광범위한 사회적 활동에서 중심 역할을 하는 정보화 사회를 경험하고 있다. 이 정보화 사회에서 스마트폰, 빅데이터, 사물인터넷과 같은 기술의 발전이 끼친 영향력을 무시할 수 없다.

1) 인공지능(AI, artificial intelligence)

① 인공지능의 정의

알파고를 통해 전 세계의 관심을 끌게 된 인공지능은 컴퓨터가 인간의 두뇌와 같이 지각하고 사고하며 지식을 표현하는 지능을 갖도록 하드웨어나 소프트웨어를 개발하는 연구 분야이다. 구체적으로는 지각과 행동, 추론과 판단, 문제해결, 학습능력 등을 갖는 컴퓨터를 구현하는 것을 목적으로 한다. 그러므로 인공지능에서는 컴퓨터 기반의 기호처리, 지식기반시스템, 지능로봇, 가상현실, 자연어 처리, 음성인식, 감정인식 등의 연구를 수행한다.

② 인공지능의 적용

특히 최근 빅데이터 등 활용할 수 있는 데이터가 급속히 증가하면서 인공지능도 빠르게 발전하고 있다. 금융, 의료, 전자기기, 로봇, 무인자동차 등에 활용하고 있는데 컴퓨터가 대규모 데이터를 기반으로 데이터 패턴을 분석하고 스스로 학습하여 미래를 예측하는 기술을 기계학습이라 한다. 기계학습은 매우 주목받는 미래기술로서 마이크로소프트, 구글, 페이스북, 삼성, 현대, SK 등 많은 글로벌 정보기술 기업들이 관심을 가지고 개발에 참여하고 있다. 예를 들면 마이크로소프트가 제공하는 기계학습 솔루션은 엘리베이터에 부착된 여러 센서를 통해 엘리베이터 모터의 온도나 속도 등에 대한 자료를 실시간으로 분석해 사고발생을 예측해준다. 인공지능의 활용은 전 산업분야로 확대되어 산업구조와 경쟁의 양상을 바꿀 것으로 예상하고 있다.

2) 사물인터넷(IoT, Internet of Things)

① 사물인터넷의 정의

사물인터넷은 통신기능을 가진 사물로서 사물과 사물의 네트워크를 통해 서로 정보를 교환하는 기술을 말한다. 2020년까지 인터넷에 연결된 사물의 수는 약 250억 개에 달할 것으로 예상되고 있다. 이는 센서 및 통신기능이 부여되어 사물과 연결된 다양한 기기가 사람이 개입함이 없이 지능적으로 정보를 수집하고 인식하여 자동으로 작동하고 상호 전달하는 차세대 통신망으로 컴퓨터가 인간의 신경계처럼 데이터를 수집, 분석하는 자동 상황인식을 통하여 원격감시와 원격제어 등 서비스를 지원하는 기술을 총칭한다.

② 사물인터넷의 적용

컴퓨터를 연결하던 유선인터넷에서 사람을 연결하는 모바일 시대를 거쳐 센서, 무선통신, 그리고 데이터 처리기술의 발전에 힘입어 이제는 사물을 서로 연결하는 사물인터넷이 새로운 인터넷 패러다임으로 부상하고 있다. 사물인터넷의 응용 사례로 스마트홈은 냉장고, 세탁기, TV, 조명, 에어컨 등의 가전과 전기, 냉난방, 도어록, 감시카메라 등 모든 요소를 하나의 네트워크로 연결하여 원격제어가 가능하다. 집과의 일정한 거리가 멀어지면 집안에 켜져 있던 전등, 작동 중인 가습기 전원 등을 모두 끌 수 있고, 가스밸브도 잠

그며, CCTV를 조정하고, 에어컨을 끄고 켜며 바람세기와 풍향도 조절할 수 있다.

스마트폰은 센서가 탑재되어 질병을 진단하고 결과를 실시간으로 전송하는 질병진단의 최적화된 스마트 의료기기로 여겨지고 있다. 영국에서 개발된 피크비전(Peek Vision) 앱은 스마트폰 카메라를 눈에 갖다 대서 시력과 안질환을 진단한다. 일본의 후지쯔는 카메라로 얼굴 색깔을 촬영해 맥박수를 측정한다. 센서가 부착된 밴드는 손목이나 발목에 착용하여 심박 수와 혈압을 체크하고 이상이 있으면 알려준다. 콘택트 렌즈가 환자의 혈당을 체크하고 각종 의료기기와 연결된 구글 글라스는 혈압, 호흡, 체온, 맥박 등 각종 신체현상을 모니터링하여 정보화하고 이상 현상이 발생하면 경고를 내보낸다.

이렇게 사물인터넷은 센서, 통신네트워크, 유비쿼터스 컴퓨팅 등의 기술과 결합하여 교통, 에너지, 전기, 물 등의 대중서비스를 개선하고 온실가스를 감축하는 등 환경을 보호하여 삶의 질을 높이는 스마트시티를 예고하고 있다. 스마트홈을 넘어 스마트시티까지 사물인터넷 기술을 접목하여 도시의 자산을 효율적으로 운영하고 공공 데이터를 수집, 활용하여 새로운 가치를 창출하는 방향으로 발전되고 있다.

3) 빅데이터(Big data)

① 빅데이터의 정의

빅데이터란 말 그대로 큰 데이터, 즉 규모(volume), 생산속도(velocity), 다양성(variety)에 있어서 기존의 수치 데이터와는 다른 다양한 경로를 통해 모아지는 문자와 영상 데이터를 포함한 대규모 데이터를 총칭한다. 우리가 페이스북에서 좋아요를 누른 게시물이 하루에도 수십 억회가 넘는데, 이는 전부 대량의 데이터로 쏟아져 나오게 된다. 빅데이터 환경은 과거에 비해 데이터의 양이 급증한 것과 함께 데이터의 종류도 다양해져 위치정보, SNS, 검색기록, 구매이력, 페이지 체류시간 등과 같은 패턴을 실시간으로 분석하여 사용자의 생각과 의견까지 예측할 수 있다.

② 빅데이터의 적용

구글, 페이스북, 아마존, IBM 등 글로벌 IT는 많은 양의 데이터를 수집하여 빅데이터 활용에 투자를 하고 있다. 페이스북이나 트위터 등은 이용자들이 SNS에 남긴 다양한 내용을 분석 가공하여 필요로 하는 기업에 유료로 제공한다. 패션기업 ZARA는 인터넷에 남겨진 정보를 분석해서 최신 패션 트렌드를 파악하여 즉각 신상품으로 개발하는 다품종 소량생산 전략을 구사하며 성장하고 있다. 아마존 닷컴은 '예측 배송 시스템'을 통해 온라인상의 소비자의 데이터를 바탕으로 구매가 예상되는 제품을 소비자 근처 물류센터에 미리 배송하여 빠른 시간 내 제품을 배송한다. 미국, 스페인, 영국 등의 일부 경찰은 빅데이터를 분석해 미래의 범죄 가능 용의자를 사전에 인지하고 예측해서 방범활동을 강화하거나 체포하는 '범죄 예방 시스템'을 가동하고 있다. 그러나 정보의 양이 방대해지면서 동의하지 않은 개인 정보도 수집되어 이를 악용하는 사례도 등장하고 있으므로 개인 정보 관리를 위한 노력도 요구된다.

4) 가상현실(Virtual reality)

① 가상현실의 정의

가상현실은 컴퓨터 멀티미디어 기술을 이용하여 제공되는 실제 유사한 어떤 특정한 환경이나 상황을 의미한다. 그러므로 가상현실은 실제로 존재하지는 않지만 디지털 기기로 생성되는 가상의 환경을 인간이 오감을 통해 인지하는 컴퓨터와 사람 사이의 인터페이스로서 3D의 공간상에서 제공되는 실시간의 상호작용으로 몰입감을 높이고 다양한 현실감과 정보를 제공한다.

② 가상현실의 적용

가상현실은 집에 앉아서도 1950년대 뉴욕의 시가지나 수백만 년 전의 바닷 속 해양생태계를 3D 입체 영상으로 생생히 체험할 수 있게 한다. 짓고 있는 건물이 완공되었을 때 내부 공간을 보여주고 게임 안으로 들어가 실제 주인공이 되기도 한다. 스키장을 직접 찾지 않아도 교실에서 실제 스키를 타듯 스릴 넘치는 경험을 하며 스키 타는 법을 배울 수 있다.

또한 증강현실은 인간의 감각을 강화하는 다양한 기술로 개발되어 시각뿐만 아니라 청각, 후각, 미각, 촉각 등 인간의 모든 감각을 활용하는 형태로 진화했다. 예를 들어 마이크로소프트가 개발한 골전도 헤드셋(Jaw bone headset)은 소리의 방향, 거리, 크기, 속도 등을 분

석하여 보지 못하는 시각장애인을 가고자 하는 건물의 출입구로 안내하고 화장실 입구가 어느 방향으로 몇 미터 앞에 있는지도 알려준다. 중국 바이두가 개발한 스마트 젓가락은 음식물의 산도, 온도, 염도, 기름 함유량 등을 측정하여 데이터를 제공하고 음식물이 상했는지도 스마트폰으로 알려준다. 마이크로소프트가 개발한 홀로렌즈는 안경과 헤드셋을 합친 형태로 눈앞에 보이는 현실세계에 컴퓨터가 그려낸 가상세계를 덮어서 보여준다. 이러한 추세에서 현실세계와 가상세계가 융합하는 방향으로 정보화 사회는 발전해나갈 것이다. 가상현실 기술은 영화, 연극, 게임, 교육, 스포츠 중계, 건축, 마케팅, 스크린골프, 헬스케어 등 모든 분야에 적용되어 콘텐츠를 보는 방법을 완전히 바꿈으로써 향후무궁한 발전이 기대되고 있다.

(2) 정보화 사회에서 우리의 책임

이제 우리는 전화번호를 외우지 않으며, 대신 전화번호를 휴대전화에 저장해두고 검색하고 활용한다. 정보화 사회에서는 많은 지식을 암기하기보다 내가 원하는 정보를 찾고 활용할 수 있는 검색능력과 응용능력이 중요하다. 검색능력과 응용능력이 뛰어날수록 타인의 힘을 빌리지 않고 내가 찾은 정보를 통해 더 빨리, 더 효율적으로 일을 처리할 수 있다.

1) 정보 검색

컴퓨터를 이용하는 사람이라면 인터넷 검색을 하루에 한 번도 하지 않는 사람은 없을 것이다. 무슨 영화를 볼지, 어디에서 쇼핑을 할지, 맛집은 어디에 있는지 알려면, 주말에 어디로 놀러갈지 결정하려면 결국 검색을 할 수밖에 없다. 검색만 하면 특정 여행지의 정보, 주식 시장 시세, 원하는 요리의 상세한 레시피에 이르기까지 검색은 모든 자료를 사용자의 검색능력에 따라 찾아준다. 이처럼 인터넷 검색은 우리의 생활과 떼놓고 생각할 수 없는 필수 정보 검색방법으로 자리 잡았다.

정보검색능력을 키우기 위해선 최소한 내가 궁금한 사항을 해결할 정도는 되어야 한다. 예를 들면, 대학생이 이번 여름 방학 때 캐나다로 어학연수를 간다고 할 때 자기가 방문할 행선지에 대한 정보, 즉 숙박, 교통, 기후, 지리, 음식, 수업비용 등에 대한 것을 사전에 파악할 검색능력은 갖추어야 한다. 그러나 아무 웹 페이지나 들어간다고 해서 좋은 정보를 얻을 수 있는 것은 아니다. 자신이 찾고자 하는 정보가 무엇인지, 어떤 방식으로 찾아야 할지 주도적인 자세가 필요하다. 단어 하나만 넣고 검색하지 말고 관련 용어, 유사 표현도 함께 넣어 검색하면 정확성도 높아지고 원하는 정보를 더 빠르게 검색할 수 있다.

2) 정보 관리

정보 관리는 의사결정에 필요한 정보를 수집하고 분류하여 업무수행의 효과성을 높이는 것을 말한다. 인터넷에서 어렵게 검색하여 찾아낸 결과를 머릿속에만 입력하고 웹 페이지를 닫아버리고 잊어버리는 것은 정보 관리를 실패한 것이다. 검색 중 자신이 찾는 내용이 잘 정리되어 있거나 설명이 잘 되어있는 사이트는 즐겨찾기 해두고 따로 정리해둔다. 혹은 본인이 검색한 내용을 파일로 만들어 저장하거나 프린터로 출력하여 인쇄물로 보관하든 언제든지 필요할 때 다시 볼 수 있을 정도로 관리해야 한다.

3) 정보 전파

정보화 사회에서는 모든 정보가 개방됨으로 인해 아무리 빅데이터라 하더라도 단순 자료의 나열은 아무런 의미가 없다. 많은 정보를 검색하고 관리하였다고 하여 모두 활용할 만한 가치가 있는 것은 아니다. 정보 전파는 단순 정보의 나열이 아닌 개인에게 의미 있고 활용이 될 수 있는 적절한 정보를 통신매체를 통해 전달하는 것이다. 이제 스마트폰만 이용하면 어디에서는 일할 수 있는 유연한 업무환경이 가능해져 정보의 접근성이 매우 쉬워졌다. 이동 중에도 인터넷에 즉각 연결하여 사진, 음성, 텍스트를 주고받을 수 있게 되면서 정보를 전파할 수 있게 되었다.

만약 어떤 조직에서 정보 전파가 이루어지지 않는다면 특정 소수의 정보 독점과 정보 단절로 인해 그 조직의 목적을 달성하는 일은 불가능할 것이다. 조직의 규모가 커질수록 정보 전파의 중요성도 커지게 된다. 오늘날 정보통신기기의 발달도 정보 전파의 효과성을 높이기 위한 노력이라고 볼 수 있다. 조직의 정보활동에서 정보 전파의 중요성은 점점 더 강조되고 있다.

Level up Mission Step

☎ 정보화 사회의 기술발달은 긍정적이고 부정적인 면을 동시에 가지고 있다. 먼저 기술발달의 긍정적인 측면과 부정적인 측면을 사례를 들어 적어보고, 부정적인 면을 최소화하면서 정보화 사회의 순기능을 발전시켜 나갈 수 있는 방법에 대한 자신의 생각을 서술하시오.

사 례

4차 산업혁명 시대, 나는 누구이고 어떻게 살 것인가?

4차 산업혁명 시대 AI 로봇은 인간의 지능을 능가한다. 따라서 지금까지 인간은 지능(이성)을 가진 존재이기에 만물의 영장이라고 했는데, 그 인간 정체성이 무너졌다. AI가 가질 수 없는 인간다움을 향상시키지 못하면 인간은 AI의 노예가 되고 짐승에 불과하게 된다. 또한 4차 산업혁명 시대는 지금까지 인류가 살아왔던 시대와는 전혀 다른 시대이기 때문에 이제는 다른 사람을 따라 배우고, 따라 살 수 없는 시대가 됐다. 나는 누구인가라는 물음에서 자기 삶의 목적과 배움의 목적을 창의적으로 설계하고 살지 않으면 안 된다. 그러므로 4차 산업혁명 시대에는 다음과 같은 일상생활의 변화를 준비하며 살아야 한다.

1) AI에 없는 인간다움

'내가, 우리가 누구인가'에 대한 물음, 윤리적 판단과 도덕적 공감(仁, 義, 禮, 智), 내면세계(마음·정신·영혼)를 중시하는 생활을 해야 한다. AI 로봇에 의해 의사와 변호사 직업이 없어진다고 하는데, 기능적인 일은 없어지지만 환자와 의뢰인을 이해하고 공감하는 의사와 변호사의 역할은 더 중요해진다. 또한 예술교육도 컴퓨터가 이미 사람보다 더 정확하게 한다고 하지만 영혼과 마음이 담긴 예술은 컴퓨터와 AI가 할 수 없다.

2) 생각하는 능력

상상력과 창의력, 종교와 문화예술 생활, 철학과 역사의식, 신념과 꿈을 실현시키려는 확고한 의지 등을 가져야 한다.

3) 컴퓨팅 사고력

이제는 컴퓨터가 생각하고 컴퓨터가 또 하나의 의식을 가지게 되기 때문에 인간적 사고력(humanitarian thinking)을 고양시킴과 동시에 컴퓨팅 사고력(computation thinking)도 향상시켜야 한다. 코딩(컴퓨터 언어, 생각, 프로그래밍), IoT(사물인터넷)와 빅데이터 생활화, 딥 러닝(인공신경망 있는 기계학습법), 인공지능 로봇과 협업 등의 능력을 갖추어야 한다.

4) 주체적인 정보 활용

SNS, 접속과 네트워크 생활의 일상화, 소유보다 이용의 가치 우선(공유경제, on demand), 광고 이용보다 주체적으로 정보를 이용하는 등의 생활을 해야 한다.

5) 새로운 일의 시스템 학습

기존 산업과 일자리가 줄어들고 3D 프린팅 일상화로 대기업 중심에서 1인 기업 등 소기업 중심으로 기업이 전환된다. 이에 따라 산업과 일의 새로운 네트워크 시스템 형성을 해야 한다.

6) 새로운 삶과 일의 균형(New Balance of life and work)

자동화 및 AI 로봇이 인간의 노동력을 대체하기 때문에 인간의 노동이 축소돼도 안정된 생활을 할 수 있는 기본 소득제 도입 등을 준비해야 한다.

[출처] 함께걸음, 〈4차 산업혁명 시대, 나는 누구이고 어떻게 살 것인가?〉, 2018.1.22. 발췌

학습평가 Quiz

1. 다음 중 정보 사회의 특징이 아닌 것은?

　　① 주요 인프라 : 유무선 네트워크, RFID/USN

　　② 생활 문화 : 탈규격화, 다양화, 탈획일화

　　③ 생산과 소비 : 수량 중시(규격화된 대량생산, 대량소비)

　　④ 주요 산업 : 정보통신(기기, N/W, S/W 콘텐츠 등)

2. 다음은 정보화 사회의 특징 중 무엇에 대한 설명인가?

> 포털 업체에서 제공하는 무료 대용량 저장장치 서비스, 인스턴트 메시징 서비스, 무료 전화 서비스 등을 잘못 사용하여 소중한 정보와 자원이 남발됨

　　① 가정 중심 사회　　　　　② 정보 공해 현상

　　③ 정보 매체 증가　　　　　④ 정보의 홍수

3. 다음 중 괄호 안에 들어갈 말은?

> (　　　)은/는 말 그대로 큰 데이터, 즉 규모(volume), 생산속도(velocity), 다양성(variety)에 있어서 기존의 수치 데이터와는 다른 다양한 경로를 통해 모아지는 문자와 영상 데이터를 포함한 대규모 데이터를 총칭한다.

　　① 인공지능(AI)　　　　　　② 빅데이터

　　③ 사물인터넷(IoT)　　　　　④ ICT

4. 다음은 정보화 사회에서 우리의 책임 중 어떠한 것을 설명하고 있는가?

> (   )은/는 의사결정에 필요한 정보를 수집하고 분류하여 업무수행의 효과성을 높이는 것을 말한다. 인터넷에서 어렵게 검색하여 찾아낸 결과를 머릿속에만 입력하고 웹 페이지를 닫아버리고 잊어버리는 것은 (   )을/를 실패한 것이다.

정답 : (   )

5. 정보화 사회에서는 많은 지식을 암기하기보다 내가 원하는 정보를 찾고 활용할 수 있는 검색능력과 응용능력이 중요하다고 한다. 업무를 수행할 때 검색능력과 응용능력이 왜 중요한지, 어떻게 개발할 수 있을지 여러분의 생각을 작성해보자.

학습내용 요약 Review (오늘의 Key Point)

1. 정보화 사회란 컴퓨터 기술과 정보통신 기술이 결합하여 사회 각 분야에서 필요한 정보의 축적, 처리, 전달 능력이 증대되어 가치 있는 정보의 생산이 사회의 중심을 이루면서 경제와 사회가 발전되어 가는 사회라고 할 수 있다.

2. 정보화 사회에서 정보와 지식은 유형자산이 중시되던 시대에서 벗어나 무형자산이 사회의 핵심동력으로 자리잡게 되었고, 정보의 생산과 전달로 사회 전체가 움직이게 된다.

3. 정보화 사회는 ICT를 토대로 한 정보 기획, 수집, 관리, 활용이 중요한 역할을 개인의 창의성에 기반을 둔 개방과 소통의 확대를 추구하고 있다.

4. 정보화 사회의 특징은 자동화 사회, 가정 중심 사회, 기업 혁신, 정보 매체 증가, 정보 공해 현상, 개인 정보 침해, 컴퓨터 범죄, 정보의 홍수로 나타난다.

5. 정보화 사회의 기술발달로 등장한 정보기술은 다음과 같다.

인공지능(AI)	컴퓨터가 인간의 두뇌와 같이 지각하고 사고하며 지식을 표현하는 지능을 갖도록 하드웨어나 소프트웨어를 개발하는 연구 분야
사물인터넷(IoT)	통신기능을 가진 사물로서 사물과 사물의 네트워크를 통해 서로 정보를 교환하는 기술
빅데이터(Big data)	큰 데이터, 즉 규모(volume), 생산속도(velocity), 다양성(variety)에 있어서 기존의 수치 데이터와는 다른 다양한 경로를 통해 모아지는 문자와 영상 데이터를 포함한 대규모 데이터를 총칭
가상현실(Virtual reality)	컴퓨터 멀티미디어 기술을 이용하여 제공되는 실제 유사한 어떤 특정한 환경이나 상황

6. 정보화 사회에서 우리는 정보 검색, 정보 관리, 정보 전파의 책임이 있다.

 스스로 적어보는 오늘 교육의 메모

정보의 활용

Contents

Learning Objectives

1. 컴퓨터가 활용되는 다양한 분야에 대해 설명할 수 있다.
2. 업무수행에서 정보처리과정에 대해 설명할 수 있다.

3
Chapter

INFORMATION
COMPETENCY

아마존의 새 IoT 쇼핑몰, 아마존 고

거대 전자 상거래 및 기술 기업인 아마존(Amazon)이 최근 미국 워싱턴 주 시애틀에 새로운 플래그십 쇼핑몰을 열었다. 고객들은 사물인터넷(IoT)을 이용한 쇼핑을 체험할 수 있다.

새로운 IoT 쇼핑몰에는 센서, 앱, 카메라가 완비돼 있고 사람 출납원이 없다. 로봇 보조장치와 전체 트랜잭션을 처리하는 로봇이 계산을 돕는다. 쇼핑몰의 전자 문을 통과하려면 고객은 자신의 스마트폰을 스캔하거나 아마존 고 앱을 열어야 한다.

이 매장에는 편의점에서 흔히 볼 수 있는 필수 식료품, 세면 용품, 음식물, 샌드위치 및 기타 물건이 있다. 소수의 사람 직원이 선반에 물건을 진열하며 천장에는 전체 진행 상황을 추적하는 센서가 달려 있다. 고객이 물건을 집어 들면 매장의 카메라가 이것을 인식하고 물품을 고객의 가상 장바구니에 자동으로 추가한다. 고객이 상품을 다시 선반으로 되돌려 놓으면 가상 장바구니에 담긴 상품도 삭제된다.

아마존이 IoT 쇼핑몰을 운영하기로 결심한 이유는 고객들이 카운터 앞에서 대기하는 시간을 줄이기 위해서다. 아마존 IoT 쇼핑몰에서 구입한 물품은 가상 장바구니에서 처리되며, 아마존 계정에 연결된 고객의 신용카드로 대금이 청구된다.

[출처] 데일리시큐, '아마존의 새 IoT 쇼핑몰, 로봇으로 모든 일 처리', 2018. 1. 24. 발췌

빅데이터, 사물인터넷, 전자태그, 가상현실 등 정보통신기술(ICT)이 집약된 아마존 고는 '계산대 없는 인공지능 점포'라는 수식어를 달고 유통의 최첨단 기술로 소개됐다. 컴퓨터 기술이 지속적으로 진보하면서 컴퓨터 활용 분야는 제조업뿐만 아니라 다양한 산업군으로 영향력을 확대해나가고 있다. 본 챕터에서는 업무수행에서 컴퓨터의 활용 분야와 정보처리과정에 대해 학습하고자 한다.

1. 다음 중 공장 자동화(FA)에 대한 설명이 아닌 것은 무엇인가?

① 공장의 생산과 관련된 모든 공정을 자동화한 시스템이다.
② 물품의 수주에서 출하까지 모든 기능을 유기적으로 결합시키는 기술이다.
③ 컴퓨터를 이용하여 매장 업무를 자동화하는 것이다.
④ 사람의 노동력을 기계가 대신 하는 시스템으로 대체하는 것이 목표이다.

2. 다음은 무엇에 관한 설명인가?

> 컴퓨터를 이용하여 설계 과정의 생산성을 크게 증가시키는 시스템으로, 제품의 다양화와 시스템화가 급속하게 이루어짐으로써 산업 분야에서 매우 중요한 기술이다.

① CAD/CAM   ② OA
③ POS   ④ CAI

3. 전자 상거래에서 사용되는 결제 방식이 아닌 것은?

① 현금   ② 신용카드
③ 전자화폐   ④ 직불카드

1. 업무수행을 위한 컴퓨터 활용 분야

사회 현상이 복잡해지고 다양해짐에 따라 컴퓨터 활용 분야는 매우 광범위하게 늘어나고 있다. 수많은 정보를 인간이 직접 관리하고 처리하기에는 한계가 있기 때문에 기업, 행정, 산업, 교육, 의료 등의 여러 분야에서 컴퓨터가 활용되고 있다. 한 가지 예로, 첨단 의료장비를 갖춘 병원의 컴퓨터가 멈추게 되면 모든 의료 업무가 정지되어 엄청난 혼란을 겪게 된다.

컴퓨터는 이제 우리 생활에 없어서는 안 될 중요한 요소가 되었다. 인터넷이 안 되고, 컴퓨터가 없는 회사는 상상도 할 수 없다. 거의 모든 집에 컴퓨터는 기본으로 한 대가 있고, 모바일 컴퓨터인 스마트폰까지 합치면 한 집에 컴퓨터는 가족 수만큼 있다고 해도 과언이 아니다. 오늘날 컴퓨터는 사회 전반에 걸쳐 거의 모든 분야에서 쓰이고 있는데, 이 장에서는 다양한 분야에서 컴퓨터의 활용을 살펴본다.

(1) 기업 경영 분야

정보화 사회에서 기업에서는 컴퓨터를 활용해 생산 자동화, 판매, 회계, 재무, 인사 및 조직관리, 금융 등 널리 활용하고 있다. 경영정보시스템(MIS : Management Information System)이나 의사결정지원시스템(DSS : Decision Support System) 등은 기업경영에 필요한 정보를 효과적으로 활용할 수 있도록 지원해 주어 경영자가 신속한 의사결정을 할 수 있도록 해 준다. 정보기술의 발전으로 경제적인 사무 자동화가 실현됨으로써 사무 작업의 생산성이 향상되었다. 사무자동화(OA: Office Automation)는 컴퓨터와 통신장비를 활용하여 사무실의 정보처리업무를 통합된 자동화 기기로 처리하는 것이다. 모든 사무실에서 개인용 컴퓨터를 통해 신속하게 문서가 작성, 전달, 보관되고 있다.

사무 작업은 대부분 문서 처리가 주된 작업이며, 문서 조작 기능의 통합화를 위해서는 컴퓨터 시스템과 각종 정보 기기가 유기적으로 연결된다. 가격이 저렴하고 성능이 우수한 하드웨어 공급과 소프트웨어도 데이터베이스 기술이 발전하면서 사무 작업에도 컴퓨터를 이용한 자동화가 더욱 본격화되었다. 사무 작업에서 자동화는 문서의 효율적인 작성, 편집, 인쇄 등의 기능을 수행하는 워드 프로세서, 온라인으로 정보를 전달하는 전자우편 및 메신저, 정보를 문서화하여 일인 또는 다수에게 정보를 전달하는 복사 및 인쇄 기능, 원거리 사람들끼리 카메라와 모니터를 이용하여 영상으로 회의하는 컴퓨터 원격회의 등이 있다.

최근에는 정보통신 기술의 발달로 생산에서 소비까지 전 과정을 컴퓨터로 처리하는 전자 상거래(EC: Electronic Commerce)가 활성화되고 있다. 전자 상거래는 인터넷을 통해 소비자와 기업이 상품과 서비스를 사고파는 행위이다. 기업 대 소비자 전자 상거래는 기업이 상품이나 서비스 제공의 대상을 불특정 다수의 일반 소비자를 대상으로 하는데, 대표적 예로는 인터넷 서점, 홈쇼핑, 인터넷 뱅킹 등이 있다. 전자 상거래 특징상 소비자가 상점에 직접 돈을 지불하지 않고 신용카드, 전자화폐, 휴대폰 등 간접적인 방법이 사용된다.

(2) 행정 분야

국민의 지적 및 생활수준의 향상에 따라 행정 분야에서도 컴퓨터를 이용하여 국가적인 차원에서 효율적인 행정지원의 요구가 증가하고 있다. 행정기관에서는 민원처리, 각종 행정통계 등의 여러 가지 행정에 관련된 정보를 데이터베이스를 구축하여 활용하고 있다. 행정업무의 사무자동화(OA: Office Automation)를 통해 모든 민원서류를 행정전산망을 이용하여 인터넷으로 발급받을 수 있을 뿐만 아니라, 모바일로도 세금과 공과금을 납부할 수 있게 되었다.

정부에서는 국가 경제에 관련된 각종 산업에 필요한 통계를 컴퓨터로 작성하여 전산망을 통하여 필요한 기관이나 개인에게 서비스하고 있다. 전자정부는 정부조직 내외의 지식과 정보를 전자적으로 체계화하여 정부조직을 능률적으로 관리하고 국민들에게 신속하고 능률적인 행정 서비스를 제공하는 정부이다. 다시 말하면 전자정부는 정보통신 기술을 이용해 행정 업무를 혁신하고 국민에 대해 양질의 행정 서비스를 효율적으로 제공하는 정보화 사회의 정부라고 할 수 있다.

전자정부를 통해 민원인들이 행정기관에 직접 방문하지 않고서도 통신망을 통해 민원

을 신청하거나 문의하고 상담하여, 민원처리 결과를 신속하고 정확하게 받아볼 수 있게 되었으며 24시간 언제나 편리한 시간에 행정 서비스를 제공받을 수 있게 되었다. 대표적인 예로 민원 24는 정부 민원 포털사이트로서 민원처리, 각종 행정 통계 등의 여러 가지 행정에 관련된 정보를 데이터베이스화하여 제공한다.

이외에도 컴퓨터를 활용하여 공공 도서관은 도서목록을 검색할 수 있고 도서를 컴퓨터 모니터로 보는 벽 없는 도서관인 사이버 도서관(정보 도서관)이 일반화되고 있다. 문화시설 방문 시에도 공연목록과 날짜 조회, 교육 시설 내 교육 프로그램 수강신청이 가능한지 조회할 수 있다. 행정업무의 자동화는 행정절차가 간소화되고 업무처리시간이 단축되어 행정 효율을 높일 수 있어서 신속하고 정확한 서비스를 전 국민에게 폭넓게 제공할 수 있게 되었다.

(3) 산업 분야

컴퓨터는 공업, 상업 등 각 분야에서 널리 활용될 뿐만 아니라 중요한 역할을 담당한다. 공업 분야에서 공장 자동화(FA: Factory Automation)는 컴퓨터, 제어장치, 수치제어기 또는 로봇 등의 생산 설비를 이용하여 공장의 생산과 관련된 모든 공정을 자동화한 시스템이다. 즉, 물품의 수주에서 출하까지의 과정인 설계, 가공 및 처리, 조립, 시험 및 검사, 반송 및 보관, 생산 관리 및 제어 등과 같은 모든 기능을 유기적으로 결합시키는 기술이다. 공장 자동화의 대표적 예로 컴퓨터에 도형을 쉽게 입, 출력하는 컴퓨터 이용 설계(CAD: Computer Aided Design)와 컴퓨터의 능력을 제품생산에 접목한 컴퓨터 이용 생산(CAM: Computer Aided Manufacturing)이 있다. 또한 수주에서부터 설계, 생산, 납품에 이르는 모든 생산 활동에 컴퓨터 정보통신 기술을 적용하는 컴퓨터 통합 생산(CIM: Computer Integrated Manufacturing)도 컴퓨터를 이용한 기술 분야이다.

공장뿐만 아니라 백화점, 편의점 등과 같은 매장에서도 컴퓨터를 이용하여 매장에서 일어나는 모든 업무를 자동화하고 있다. 편의점, 할인점, 슈퍼마켓 등의 상점에서는 상품의 바코드를 바코드 스캐너로 인식하면 판매시점관리(POS: Point Of Sales) 시스템이 판매가 일어나는 즉시 자료가 중앙 컴퓨터로 입력되어 판매 및 재고 현황을 즉시 파악한다. 이를 통

해 신속하게 매장의 상황변화를 대처할 수 있으며, 서비스 향상과 정확한 결산에 활용된다. 이러한 시스템의 도입으로 신속하고 정확한 계산을 하며 판매 및 재고현황을 분석하여 의사결정에 활용할 수 있게 되었다.

농업 분야에서는 농작물 재배 및 가축 사육시설에서 온도, 습도, 일조 시간 등을 조절하는 데에도 컴퓨터가 이용되고 있다. 또한 수확한 농산물을 제품으로 가공하는 공장 자동화를 통해 식품가공 산업 발전에도 이용되고 있다. 또한 생체 공학 및 유전자 공학기술, 그리고 작물이나 품종의 개량에도 이용되며, 농가에서 기상 정보, 병충해 방제 정보, 시장 정보 등 농업 정보를 얻는 데에도 이용되고 있다. 수산업 분야에서는 전파를 발사하여 어류의 이동 상황 등을 분석하여 어로를 개척하고 양식장의 환경 제어, 수산 가공 등에 컴퓨터가 이용되고 있으며, 배의 운항 일정과 항로 등을 자동으로 제어하는 안전관리 시스템 등에도 컴퓨터가 이용되고 있다.

(4) 기타 분야

컴퓨터는 교육, 의료, 금융, 가사 분야 등에서도 널리 활용되고 있다. 교육 분야에서 컴퓨터는 학교 수업이나 가정 학습, 원격 교육, 교육 방송, 교육 및 학술 전산망 구축 등 다양하게 이용된다. 컴퓨터 보조 교육(CAI : Computer Assisted Instruction)은 강의나 학습에 컴퓨터를 이용하는 것으로, 학습자가 이러닝(e-learning) 프로그램을 이용하여 개인차에 따라 학습 속도와 학습시간을 조절하며 학습하는 방식이다. 컴퓨터 관리 교육(CMI : Computer Managed Instruction)은 학습지도 자료의 정리, 성적 관리, 진로 지도, 교육 계획 등에 활용된다.

컴퓨터를 이용하면 군이 학교에 가지 않더라도 인터넷을 통해 강의를 수강할 수 있으며, 교수 및 학습이 사이버 공간에서 수행되는 원격대학인 사이버대학의 경우 교수자와 학습자가 직접 대면하지 않고 컴퓨터 및 정보통신 교수매체를 통해 학위 과정을 마칠 수도 있다. 또한 교육행정 분야에도 활용되어 수업 관리, 성적 관리, 생활기록부 작성, 교육비 납입, 각종 증명서 발급 등 다양하게 사용된다.

의료 공학 분야는 컴퓨터 기술이 의료 장비 개발에 접목되면서 급속도로 발전이 이루어지고 있다. 병원에서 컴퓨터 기술은 MRI 촬영, 초음파 검사, 레이저 수술, X-Ray 촬영

등을 할 때 사용되며 환자의 진료 정보를 관리할 때도 사용된다. 병원에서는 처방 전달 시스템(OCS: Ordering Communication System)을 통해 의사의 처방을 컴퓨터 네트워크를 통하여 각 진료 지원부(주사실, X-ray 실, 투약실, 원무과 등)에 전송함으로써 진료 및 처방에 소요되는 시간을 대폭 줄이고 있다. 처방 내용을 컴퓨터에 저장하여 동일 환자를 다시 진료할 때 이를 신속히 조회하여 진료의 질을 높일 수 있게 된 것이다.

금융 분야에서 컴퓨터는 고객 예금의 입출금 업무, 여신 업무, 인터넷 쇼핑몰을 이용한 전자상거래 및 상품 정보 검색에 사용된다. 최근에는 직접 은행을 방문하지 않고 컴퓨터를 이용하여 은행 업무를 보는 인터넷뱅킹도 일반화되고 있다. 가사 분야에도 컴퓨터는 생활에 편리한 시설, 즉 TV, 냉장고, 보안, 냉난방조절, 생활정보 검색, 홈뱅킹과 홈쇼핑 등에 활용되면서 생활의 편리함이 증대되었다. 컴퓨터와 IT기술이 일상에 적용되어 가정에서 지능형 로봇의 이용, 인터넷 쇼핑 등 디지털 라이프(Digital Life)가 가능해졌다. 최근에는 컴퓨터를 이용해서 집에서 업무를 보는 재택근무도 늘고 있다.

Level up Mission Step

아래 [사례]를 학습하면서, 현재 내가 사용하고 있는 컴퓨터 활용 분야는 어떤 것들이 있는지 작성해보고, 미래에 다양한 분야에서 컴퓨터가 어떻게 활용될 수 있을지 토론해보자.

사 례

포스코의 스마트워크 사례

포스코는 스마트워크를 통해 시간·공간의 제약을 극복하면서 모든 사람이 자유로운 소통과 협업을 통해 좀 더 창의적으로 일할 수 있도록 하고 있다. 포스코 스마트워크 추진은 크게 스마트 오피스(Smart Office)와 스마트 작업장(Smart Works) 영역으로 나누어 본사는 오피스 부문을, 제철소에서는 스마트 작업장을 추진해왔다.

포스코는 사무 부문의 일하는 방식 개선을 위해 스마트 오피스 환경 조성, 문서 관리 시스템, PC 영상 회의 시스템, 모바일 오피스, 사내 소셜 네트워크 서비스(SNS) 등의 혁신 프로젝트를 추진했다.

포스코는 문서 관리 시스템을 통한 문서 중앙화와 정리 활동 등을 통해 불필요한 문서 작성을 줄이고 있다. 지난 3년간 월 평균 문서 생성 건수가 약 5만 5,000건 줄어들었다. 또한 지시와 보고 방식의 변화와 U-페이퍼리스(U-Paperless) 구축을 통해 종이 출력을 최소화하고 있다. 직원들은 "이메일 보고가 활성화하면서 임원과 직원 간 커뮤니케이션이 늘었고, 본업에 몰입할 수 있게 됐다."고 긍정적 평가를 하고 있다.

시간과 장소에 상관없이 회의할 수 있도록 TV, PC, 스마트폰, 고화질 영상 회의를 통합한 영상 회의 시스템을 갖추었으며, 특히 PC 영상 회의 시스템을 월 3,000여 회 이상 사용하고 있다. 또한 사내 소셜 네트워크 서비스(PIRI)를 통해 47개 포스코 패밀리사 직원들이 정보를 공유하고 있다. 포스코는 포스코 패밀리 63개 사가 함께 활용할 수 있는 PC 영상 회의 시스템 인프라를 구축했다. 2010년 8월부터 전 직원에게 스마트폰을 지급해 모바일 환경에서 업무를 수행할 수 있는 모바일 오피스를 도입했다. 현재 직원의 57.4%가 매일 1회 이상 스마트폰을 활용해 이메일, 모바일 결재 등의 업무를 수행하고 있다.

[출처] 노규성, 〈비즈니스 혁신의 10대 경영도구〉 중 발췌

2. 업무수행을 위한 정보 처리 과정

정보는 일정한 절차에 따라 활용하는 것이 효과적이다. 일반적으로 정보는 기획, 수집, 관리, 활용의 절차에 따라 처리된다.

(1) 정보 기획

정보의 전략적 기획이란 정보처리과정에 가장 첫 단계로서 5W2H에 의해 기획을 한다. 5W2H란 육하원칙 5W1H에 How much가 추가된 기법으로 일반적으로 기업의 문제해결이나 개선방안을 찾고자 할 때, 목표설정, 보고서, 기획서를 작성할 때도 많이 사용하는 기법이다.

What (무엇을?)	"정보 입수의 목적, 목표는 무엇인가?" 정보의 입수 대상을 명확히 한다.
Where (어디에서?)	"관련 정보는 어디에서 찾을 수 있는가?" 정보의 소스(정보원)를 파악한다.
When (언제?)	"정보활동에 있어서 어느 시기가 적절한가?" 정보의 요구(수집) 시점을 고려한다.
Why (왜?)	"정보 수집을 왜 하는가?" 정보의 필요 목적을 염두에 둔다.
Who (누가?)	"정보활동의 주체자, 실행자는 누구인가? 누구를 위한 것인가?" 정보활동의 주체를 확정한다.
How (어떻게?)	"어떤 방법으로 정보를 수집할 것인가?" 정보의 수집 방법을 검토한다.
How much (얼마나?)	"정보 수집의 비용 및 예산은 어느 정도인가?" 정보 수집의 비용성(효용성)을 중시한다.

(2) 정보 수집

정보 수집의 단계는 특정 주제에 관한 지식상태를 확장시키기 위해 다양한 정보원으로부터 정보를 찾아내는 활동을 말한다. 정해진 목적을 달성하기 위한 정보 수집 과정은 보통 주제를 정하고, 그 주제를 뒷받침하는 정보를 찾는 과정으로 진행된다. 일종의 목적 지향형 정보수집 활동이라 할 수 있다. 대학생이라면 리포트를 쓰거나 과제를 제출하기 위해, 직장인은 특정 업무를 위해 인터넷을 포함한 다양한 정보원을 검색하는 활동들이 목적 지향적인 정보 수집이라 할 수 있다. 정보 과잉의 시대 속에서 편협한 주제만 편식하는 정보 수집이 아닌 보다 폭넓은 정보를 읽고, 분류한 뒤 자신만의 방법으로 정보를 모으는 것이 중요하다.

📋 정보 수집의 절차

① 어떻게 찾을지 생각하기 : 주제와 관련하여 정보를 어떻게 찾으면 좋을지 생각해본다.

② 정보 매체 선정하기 : 정보 수집에 알맞은 매체를 선정한다.

③ 매체 이용 방법 알기 : 신문, 잡지, 사전, 책, 인터넷 등의 이용방법을 알아본다.

④ 정보 수집하기 : 필요한 것만 골라 모은다.

⑤ 정보 정리하기 : 수집한 정보에 출처를 적고, 이를 정리해둔다.

(3) 정보 관리

정보 관리란 수집된 다양한 형태의 정보를 어떤 문제해결이나 결론 도출에 사용하기 쉬운 형태로 바꾸는 일이다. 수집된 정보가 의사결정에 도움이 되기 위해서는 특히 다음 세 가지를 고려해야 한다.

📑 **정보 관리의 3원칙**

① 목적성 : 사용목적을 명확히 설명해야 한다.

② 용이성 : 쉽게 작업할 수 있어야 한다.

③ 유용성 : 즉시 사용할 수 있어야 한다.

같은 정보를 필요할 때마다 찾고 또 찾는다면 정보를 검색하는 데 드는 시간만큼 낭비이며 뒤처지게 된다. 따라서 정보 사회에서는 수집한 정보를 관심 분야별로 구분하고, 정보의 체계적인 관리와 응용을 통해 목표에 맞는 성과물을 도출하는 것이 매우 중요하다. 수집된 정보를 관리할 때 필요가치성이 적은 정보는 과감히 버리고, 공유할 가치가 있는 정보를 전달하고, 자료화하여 정보를 바로 사용할 수 있도록 정보 관리에 노력을 기울여야 한다.

(4) 정보 활용

지식과 정보가 중심이 된 정보화 사회에서 정보를 활용하는 기술은 변화에 적응하는 데 필수적인 기술이 되었다. 정보기술의 급격한 발달로 정보의 양도 폭발적으로 증가하였지만 자신에게 필요한 정보가 무엇이고, 정보의 적합성을 판단하고 활용하는 것은 더욱 어려워졌다. 이런 정보문제를 해결하기 위해서 필요한 정보가 무엇인지를 파악하고, 인터넷상으로 제공되는 여러 가지 정보들을 다양한 정보기술을 이용해서 잘 찾아내고 활용할 수 있는 정보활용능력을 갖추는 것이 점차 중요시되고 있다.

정보 활용은 단지 컴퓨터를 잘 활용하고, 스마트폰 기능을 익숙하게 다루는 것과 구분된다. 컴퓨터나 스마트폰 활용능력은 인터넷, 애플리케이션과 같은 정보기술을 이용할 수 있는 능력을 말한다면, 정보 활용은 이러한 기술을 이용하여 자신에게 필요한 정보를 찾고 활용하는 능력을 말한다. 토익점수가 높다고 해서 영어실력이 뛰어난 게 아닌 것처럼 인터넷을 이용하고 몇 가지 프로그램을 잘 다룬다고 해서 꼭 필요한 정보를 찾고 활용할 수 있는 것은 아니다. 정보화 사회에서는 정보 기기에 대한 이해나 최신 정보기술이 제

공하는 주요 기능, 특성에 대한 지식뿐만 아니라 정보를 잘 활용할 수 있는 능력이 수반되어야 한다.

Level up Mission Step

 앞서 학습한 바와 같이 정보를 활용하기 위해서는 정보 기획, 수집, 관리 활동을 해야 한다. 정보를 효과적으로 활용하기 위해 정보 기획, 수집, 관리 활동을 어떻게 강화할 수 있을지 실행 전략에 대한 아이디어를 작성해보자.

사 례

정보찾기와 활용 접근법 'Big6'

Big6는 현재 미국의 수천 개의 학교에서 활용되고 있을 만큼 널리 알려져 있는 정보찾기와 활용에 관련된 접근법이다. Big6는 워싱턴 대학(Univ. of Washington)의 아이젠버그(M. Eisenberg) 교수와 웨인센트럴(Wayne Central) 고등학교 도서관의 미디어 전문 사서 베르코비츠(R. Berkowitz)가 미취학 아동에서부터 고학력자에 이르는 수천 명의 사람들과의 경험을 바탕으로 개발한 정보 문제해결을 위한 모델이다.

1. 과제 정의

어렴풋이 머릿속에 그려져 있는 풀어야 할 숙제를 명확하게 글로 써본다. 그렇게 되면 정보 문제해결을 위한 과정에서 불필요하고 번거로운 단계를 줄이고 필요한 정보들만 찾을 수 있게 구성할 수 있도록 도움을 준다. 구체적으로는 크게 해결할 과제의 요점 파악과 과제 해결에 필

요한 정보의 유형파악 단계로 나눈다. 해당 분야의 전문가들과 상의해서 과제의 요점을 파악하고, 그러고 난 후에는 어떤 정보의 유형(문헌자료, 동영상, 이미지 자료 등)이 도움이 될 지를 결정한다.

2. 정보 탐색 전략

해결해야 될 과제가 명확하게 정해진 후에는 이용 가능한 모든 정보원을 파악하고 가장 적절한 정보원을 선택해야 한다. 즉, 어디서 정보를 찾을지를 사전에 파악한 다음에 정해진 정보원에 따라 어떻게 정보 검색을 할지 미리 준비하는 중요한 단계이다. 이용할 정보원이 인터넷상의 검색엔진이라면 사용해야 할 키워드는 어떤 것일지도 정해본다.

3. 소재 파악과 접근

찾아야 할 정보원을 정했다면 해당 정보의 위치를 파악하고 실제로 정보를 찾는 단계로 들어간다. 만약, 특정 검색엔진을 정보원으로 정했었다면 정해둔 키워드를 이용해서 검색한다. 요즘은 정보의 양이 워낙 많아서 검색결과가 너무 많은 게 일반적이기 때문에 키워드를 더 자세하게 좁히고 세부적으로 설정하는 것이 더욱 정확하고 관련성 있는 결과를 얻는 데 더 도움이 된다.

4. 정보 활용

필요로 하는 정보를 찾아냈다면 이제는 활용을 해야 할 단계이다. 각 정보원에 나와 있던 정보원 중에서 나에게 유용한 정보를 가려내야 한다. 유용한 정보를 가려내는 과정에서 판단해야 할 부분은 정보의 '관련성'과 '유효성'이다. 관련성은 내가 찾고자 했던 해답과 관련이 있는지를 판단하는 것이고, 유효성은 찾은 정보가 믿을 만한 정보원으로부터 입수한 정보인지를 판단하는 것이다.

5. 통합 정리

지금까지의 단계에서 수집하고 모아온 정보들을 개인의 기술과 경험을 이용하여 조직한다. 수집한 정보의 결과들을 어떻게 표현하는 것이 가장 좋을지, 만약 이 자료로 발표를 한다면 누가 대상이 되며, 어떤 수준으로 만들어야 할지, 자료를 만들 때 어떤 형태로 만들지, 질문을 스스로 던져 가면서 지금까지 수집해온 정보를 잘 조직한다.

6. 평가하기

문제해결을 위하여 효율적으로 올바른 과정을 수행했는지를 평가하는 단계이다. 결과물의 완전성, 강점, 평점을 평가하고 결과물에 대한 개선을 위해 조언한다.

[출처] LG사이언스랜드, 〈정보활용법, Big6 엿보기〉 중 발췌

학습평가 Quiz

1. 다음 중 괄호 안에 들어갈 말은?

> 편의점, 할인점, 슈퍼마켓 등의 상점에서는 상품의 바코드를 바코드 스캐너로 인식
> 하면 (   ) 시스템이 판매가 일어나는 즉시 자료가 중앙 컴퓨터로 입력되어
> 판매 및 재고 현황을 즉시 파악한다. 이를 통해 신속하게 매장의 상황변화를 대처
> 할 수 있다.

① 판매 시점관리(POS)   ② 사무 자동화(OA)
③ 공장 자동화(FA)   ④ 전자 상거래(EC)

2. 정보는 일정한 절차에 따라 활용하는 것이 효과적인데 다음 중 올바른 정보 처리 절차는?

① 기획 → 활용 → 수집 → 관리
② 기획 → 수집 → 활용 → 관리
③ 기획 → 수집 → 관리 → 활용
④ 기획 → 관리 → 활용 → 수집

3. 정보관리의 3원칙이 아닌 것은?

① 적합성   ② 용이성
③ 목적성   ④ 유용성

4. 정보를 수집, 관리, 활용을 하기 전에 정보의 전략적인 기획을 수립하는 것이 중요하다. 정보의 전략적인 기획 방법인 5W2H에 대해 작성해 보자.

5. 정보 처리 과정의 4가지 단계에 대해 작성하시오.

①

②

③

④

학습내용 요약 Review (오늘의 Key Point)

1. 정보화 사회에서 기업에서는 컴퓨터를 활용해 경영정보시스템(MIS: Management Information System) 이나 의사결정지원시스템(DSS: Decision Support System), 사무 자동화(OA: Office Automation), 전자 상거래(EC: Electronic Commerce) 등의 기술로 기업경영에 필요한 정보를 효과적으로 활용할 수 있도록 지원한다.

2. 전자정부는 정부조직 내외의 지식과 정보를 전자적으로 체계화하여 정부조직을 능률적으로 관리하고 국민들에게 신속하고 능률적인 행정 서비스를 제공하는 정부이다.

3. 정부는 행정업무의 사무 자동화(OA: Office Automation)를 통해 모든 민원서류를 행정전산망을 이용함으로써 행정절차가 간소화되고 업무처리시간이 단축되어 행정 효율을 높일 수 있게 되었다.

4. 공업 분야에서 공장 자동화(FA: Factory Automation)는 컴퓨터, 제어장치, 수치제어기 또는 로봇 등의 생산 설비를 이용하여 공장의 생산과 관련된 모든 공정을 자동화한 시스템이다.

5. 공장 자동화의 대표적 예로 컴퓨터에 도형을 쉽게 입, 출력하는 컴퓨터 이용 설계(CAD: Computer Aided Design)와 컴퓨터의 능력을 제품생산에 접목한 컴퓨터 이용 생산(CAM: Computer Aided Manufacturing)이 있다.

6. 편의점, 할인점, 슈퍼마켓 등의 상점에서는 상품의 바코드를 바코드 스캐너로 인식하면 판매 시점관리(POS: Point Of Sales) 시스템이 판매가 일어나는 즉시 자료가 중앙 컴퓨터로 입력되어 판매 및 재고 현황을 즉시 파악한다.

7. 업무수행을 위한 정보 처리 과정은 정보 기획, 정보 수집, 정보 관리, 정보 활용 4단계로 이루어진다.

8. 정보 관리의 3원칙은 목적성, 용이성, 유용성이다.

9. 정보 활용은 단지 컴퓨터를 잘 활용하고, 스마트폰 기능을 익숙하게 다루는 것과 구분된다. 정보화 사회에서는 정보 기기에 대한 이해나 최신 정보기술이 제공하는 주요 기능, 특성에 대한 지식뿐만 아니라 정보를 잘 활용할 수 있는 능력이 수반되어야 한다.

 스스로 적어보는 오늘 교육의 메모

정보윤리와
정보보안

Contents

Learning Objectives

1. 인터넷의 역기능과 네티켓에 대해 설명할 수 있다.
2. 개인정보 보호 방지 방법에 대해 설명할 수 있다.

4
Chapter

INFORMATION
COMPETENCY

익명 커뮤니티, 순기능만큼이나 역기능도...

익명성을 전제로 운영하는 커뮤니티가 대학가를 중심으로 크게 활성화되고 있다. 그러나 순기능만큼이나 역기능도 엇갈려 나타나고 있다.

익명성의 힘을 빌려 평소에는 직접적으로 거론하지 못하거나, 꺼내기 어려운 이야기를 공개할 수 있는 점은 일정 부분 긍정적 역할을 한다. 개인적 사정으로 자신의 존재를 밝힐 수 없는 상황에서 전하고 싶은 정보를 전달할 수 있다는 장점도 있다.

특히 접근성이 뛰어난 SNS의 특성상 여러 사람에게 동시에 전달할 수 있어서 파급력도 뛰어나다. 특정 인물이 글을 올린다면 색안경을 끼고 편견 어린 시선으로 볼 수 있는 상황에서도 익명으로 거론하면 그 내용에 좀 더 집중할 수 있다.

그러나 이러한 장점에도 익명의 그늘에 숨어 확인되지 않은 정보로 타인을 음해하거나 무분별하게 비방하는 등 부정적인 문제도 야기되고 있다.

평소 익명게시판을 자주 이용한다는 대학생 A 씨는 "과에 어떤 사람이 '좋다' '싫다'라는 글이 자주 올라온다. 내가 민감하게 반응하는 것이라고 생각할 수 있지만, 공개적인 곳에서 특정인에 대한 호불호를 평가하는 행위에 대해선 부정적이다. 다른 사람도 볼 수 있는 공간에서 굳이 익명으로 그럴 필요는 없다고 본다. 학교 관련 문제나 사회적 이슈에 대해 글이 올라오기도 하는데, 정확한 출처나 사실관계도 확인하지 않고 유언비어 혹은 가짜 뉴스를 퍼 나르는 일은 유의해야 할 것이다. 익명게시판은 잘 사용하면 약이 될 수 있지만, 잘못 사용하면 독이 된다."고 지적했다.

익명게시판은 이처럼 양날의 검이 될 수 있다. 때문에 더욱 신중하게 이용해야 한다. 근래 들어서는 인터넷 네트워크(network)와 에티켓(etiquette)를 합성한 '네티켓'이라는 신조어가 등장했다. 네티즌이 네트워크에서 지켜야 할 상식적인 예절을 일컫는다. 익명게시판을 효과적으로 활용하는 지혜롭고 성숙한 의식이 더욱 요구되는 요즘이다.

[출처] 워드인뉴스, 〈익명 커뮤니티, 순기능만큼이나 역기능도…〉, 2018. 5. 5.

최근 블로그, 밴드, 카페 등 SNS 사용이 활발해지면서 악의적인 내용이 담긴 게시글이나 댓글로 인한 피해가 증가하고 있다. 사이버 폭력이 심각한 사회문제가 되고 있는 요즘, 사이버 공간에서의 윤리적 문제는 중요한 사안이 되었다. 또한 정보기술의 발달로 개인정보 노출도 쉽게 이루어지면서 허위 주민등록번호, 신용카드번호 제조와 해킹 등의 범죄행위도 등장하게 되었다. 본 챕터에서는 정보윤리 의식의 중요성과 네티켓 실천, 개인정보 보호의 이해와 방법에 대해 학습해보고자 한다.

1. 다음 괄호에 들어갈 단어는 무엇인가?

> 업무수행 혹은 일상생활에서 인터넷을 활용할 때에는 (   )을/를 지키도록 노력
> 해야 한다. (   )은/는 네트워크와 에티켓의 합성어로, 사이버 공간에서 지켜야
> 할 비공식적인 규약이다.

① 네티켓(Netiquette)   ② 애티튜드(Attitude)

③ 온라인 규정   ④ 사이버 법

2. 인터넷의 문제점(역기능)이 아닌 것은?

① 전산망 해킹   ② 아이디 도용

③ 정보의 개방과 공유   ④ 허위사실 유포

3. 개인정보의 유출을 방지하기 위한 방법이 아닌 것은?

① 비밀번호는 주기적으로 교체한다.

② 뻔한 비밀번호를 쓰지 않는다.

③ 경품 이벤트를 주는 사이트는 가급적 많이 가입한다.

④ 가입 해지 시 정보 파기 여부를 확인한다.

1. 정보윤리의 중요성

정보윤리는 정보사회에서 일어나고 있는 윤리적 문제들을 해결하기 위한 규범체계를 일컫는 말로서, 단순히 정보통신기기를 다루는 데 있어서뿐만 아니라 정보 사회를 살아가는 데 있어서 옳음과 그름, 좋음과 나쁨, 윤리적인 것과 비윤리적인 것을 올바르게 판단하여 행위를 하는 데 필요한 규범적인 기준체계이다.

(1) 인터넷의 역기능

오늘날 인터넷의 보급이 빠르게 확산되면서 사람들은 인터넷을 통해 많은 정보를 얻고 활용할 수 있게 되었다. 이로 인해 '사이버스페이스(Cyberspace)'라는 새로운 공간이 등장하게 되고, 이곳에서 주로 활용하는 사람들을 가리키는 '네티즌(Netizen)'이 생겨나게 되었고, 오프라인보다 온라인 공간에서 더 많은 커뮤니케이션이 일어나고 있다. 이러한 정보사회의 급격한 전환으로 인해 가상공간에서 대부분의 사람들이 익명성, 쌍방향성이라는 특수성으로 인해 여러 가지 문제들도 많이 발생하고 있다. 대표적인 예가 인터넷 악플이다. 인터넷 악플로 인해 우울증을 앓거나 자살하는 연예인이나 유명인의 이야기는 이제 흔한 이야기가 되었다. 따라서 정보화 사회를 살아가는 네티즌으로서, 사이버스페이스, 즉 가상공간의 문화적 특성을 이해함과 동시에 이에 걸맞은 행동양식을 갖추어나가는 것이 무엇보다 중요하다.

1) 개인정보 침해

개인정보 침해는 해킹 또는 바이러스 감염 등으로 본인의 동의 없이 개인정보가 유출되어 개인의 사생활과 권리를 보호받지 못하는 경우를 말한다. 개인정보 유출은 명의도용, 스팸, 보이스 피싱 등 제2차 피해 가능성으로 인해 국민의 불안감을 확산시키고 신뢰를 기반으로 하는 인터넷 비즈니스의 기반을 악화시키는 등 부정적인 영향이 크다.

2) 사이버 범죄

사이버 범죄는 컴퓨터와 인터넷, 사이버 공간을 통해서 행해지는 범죄적 현상인데, 해킹, 폭탄메일, 바이러스 유포, 불법복제물 제작판매, 게임 아이템 절도 등이 해당된다. 인터넷상에서 사이버 범죄는 관련 법 및 제도가 제대로 갖춰지지 않아서 처벌에 어려움이 많아 범죄가 더욱 활성화되고 있다.

3) 명예훼손 및 유언비어, 허위사실 유포

인터넷은 익명성을 바탕으로 하기에 왜곡된 인식을 가진 사용자에 의해 무분별하게 사용될 경우 타인의 명예를 훼손하거나 인권을 침해할 수 있는 무기가 된다. 인터넷상에서의 유언비어 및 허위사실 유포자는 대부분 익명이나 가명으로 본인의 실체를 드러내지 않고 있기 때문에 처벌과 규제가 어려운 실정이다.

4) 인터넷 중독

인터넷 중독은 인터넷 이용에 있어서 자율적 통제능력을 가지지 못하여 병적으로 집착하게 되는 경우를 말한다. 인터넷 중독은 인간이 미디어의 주체가 되기보다는 미디어에 의존하게 되어 학업과 직장생활에 심각한 장애를 일으킨다는 점에서 특히 주의가 요구된다.

[표 4-1] 인터넷 중독의 다양한 현상 (출처 : 최희식. 김상균 '인터넷윤리')

유형	증상	특징
게임 중독	자기 통제력을 잃고 게임에 병적으로 집착함	• 게임 스토리가 쉽게 헤어 나오지 못하게 전개되어 중독에 빠지기 쉬움 • 레벨을 높이고 사이버머니나 아이템을 얻으려는 과도한 경쟁에 빠지기 쉬움
채팅 중독	문자나 영상 대화에 과도하게 집착함	• 신분을 조작하거나 은폐하는 과정 속에서 자신의 정체성을 상실함 • 불건전한 채팅은 인신매매나 성폭력 등의 범죄에 노출될 위험이 있음
음란물 중독	음란물을 자주 찾거나 성적 충동을 자주 느낌	• 왜곡된 성 의식으로 성범죄를 일으킬 가능성이 높음 • 몰래 음란물을 탐닉하는 자신에 대해 죄책감과 수치심을 느낌
검색 중독	필요한 정보가 없는데도 습관적으로 검색함	• 웹사이트에서 이것저것 클릭하면서 시간을 허비함 • 목적 없이 정보를 검색하여 시간 통제가 안 됨 • 일상의 지루함을 정보 검색으로 달래려는 경향이 큼

5) 저작권 침해

정보통신기술의 발달은 기존 법체계가 예상하지 못한 새로운 유형의 지적재산권 문제들을 야기하였다. 불법으로 복제된 소프트웨어 유포, 영화, 음악, 출판물의 불법 유통, 사진 도용 등 저작권자의 동의 없이 공개하기도 한다.

6) 컴퓨터 바이러스

컴퓨터 바이러스는 컴퓨터 내부에 침투하여 정상적인 작동을 방해하고 자료를 손상시키는 악의적인 컴퓨터 프로그램의 일종이다. 컴퓨터 바이러스는 빠른 네트워크 환경과 인터넷 인구의 증가로 그 피해가 급증하고 있다.

 컴퓨터 바이러스 예방법

1. 출처가 불분명한 전자 우편의 첨부파일은 백신 프로그램으로 바이러스 검사 후 사용한다.
2. 실시간 감시 기능이 있는 백신 프로그램을 설치하고 정기적으로 업데이트한다.
3. 바이러스가 활동하는 날에는 시스템을 사전에 미리 검사한다.
4. 정품 소프트웨어를 구입하여 사용하는 습관을 가진다.
5. 중요한 파일은 습관적으로 별도의 보조 기억 장치에 미리 백업을 해 놓는다.
6. 프로그램을 복사할 때는 바이러스 감염 여부를 확인한다.

[출처] 한국산업인력공단 직업기초능력 정보능력 학습자용 워크북 참조

7) 해킹(hacking)

해킹은 컴퓨터를 이용하여 다른 시스템에 불법적으로 침입하여 다른 사람의 정보처리장치가 수행하는 기능이나 전자기록에 임의로 간섭하는 일체의 행위를 가리킨다. 해킹을 하여 개인정보를 빼낸 후, 그 정보를 이용하여 사이버 절도, 유료사이트 이용, 상품구

입 등 범죄로 이어지고 최근에는 국가 주요시설에 대한 해킹사례가 증가함으로써 국가기반을 위협하고 있다.

8) 스팸 메일(spam mail)

스팸 메일은 컴퓨터 통신망을 이용하여 개인메일계정으로 수신자의 동의 없이 일방적, 대규모로 전달되는 전자우편을 말한다. 스팸 메일은 시간 낭비, 생산성 저하 등 간접적인 피해뿐만 아니라 음란물 및 바이러스 유포 등 시스템 손상을 일으켜 직접적인 피해를 입히기도 한다.

(2) 사이버 공간의 예절

1) 사이버 공간에서의 예절

사이버 공간에서 인터넷 사용자가 기본적으로 지켜야 하는 예절을 네트워크 에티켓, 즉 네티켓이라고 한다. 네티켓은 통신망을 뜻하는 네트워크와 예절을 뜻하는 에티켓의 합성어로, 네티즌이 사이버 공간에서 지켜야 할 비공식적인 규약이라고 할 수 있다.

네트워크(network) + 에티켓(etiquette) → 네티켓(netiquette)

인터넷이 발달하면서 사이버 공간의 윤리와 예절문제가 떠오르자 각 나라에서는 인터넷 예절에 대한 논의가 활발해졌다. 1994년 미국 플로리다대학교의 버지니아 셰어(Virginia Shea)교수는 다음과 같은 '네티켓의 핵심원칙(The Core Rules of Netiquette)'을 제시했다.

① 상대가 인간임을 기억하라.

② 실제 생활에서 적용된 것처럼 똑같은 기준과 행동을 고수하라.

③ 현재 자신이 어떤 곳에 접속해 있는지 알고, 그 곳의 문화에 어울리게 행동하라.

④ 다른 사람의 시간을 존중하라.

⑤ 온라인에서도 교양 있는 사람으로 보이도록 하라.

⑥ 전문적인 지식을 공유하라.

⑦ 논쟁은 절제된 감정 아래 행하라.

⑧ 다른 사람의 사생활을 존중하라.

⑨ 당신의 권력을 남용하지 마라.

⑩ 다른 사람의 실수를 용서하라.

[출처] 이태욱 · 전도홍 · 이철현, '네티켓 교실' 발췌

가상공간에서 우리가 갖추어야 할 열 가지 핵심원칙은 인터넷 공간에서도 우리의 실제 삶처럼 말하고, 행동하며 보이지 않는 타인을 존중하고 배려하라는 메시지를 담고 있다. 네티켓은 법적인 제재에 의존하는 타율적 해결보다는 네티즌 스스로 자발적으로 가상공간의 문제를 예방하고 해결해 나가자는 적극적인 의미를 가지고 있다.

뛰어난 운전자가 아무리 빠른 속도로 능숙하게 운전한다 할지라도 교통규칙을 지키지 않으면 사고를 일으킬 수밖에 없다. 뛰어난 정보통신기술을 가지고 있다 할지라도 그것을 이용하는 자가 네티켓을 지키지 않는다면 사이버 공간에서 사고를 일으키고, 많은 사람들이 피해를 입게 되는 것이 당연한 일이다. 인터넷 서비스별로 지켜야 할 네티켓에 대해 살펴보자.

2) 전자우편(E-Mail)을 사용할 때의 네티켓

전자우편은 인터넷을 사용하는 네티즌들 상호 간에 우편을 교환하게 해주는 서비스로

서, 세계 어느 곳에 있는 네티즌이라도 단 수분 안에 메일을 전송할 수 있고, 별도의 전송 요금 없이 파일 등을 첨부해서 보낼 수 있다. 이러한 장점 때문에 많은 사람들이 전 세계 네트워크를 통해 전자우편을 교환하고 있고, 사용하는 빈도와 정보의 전달량 측면에서 많은 부분을 차지하고 있다. 그러나 전자우편 사용 네티켓의 미숙함으로 인해 오해가 발생하거나 내용 전달이 제대로 되지 않는 경우가 있는데 이를 올바르게 사용해 타인에게 피해를 주지 않도록 해야 한다.

① 정확한 제목을 사용한다.

최근에는 하루에도 수십 통의 전자우편들이 교환되고 있다. 따라서 정확한 제목을 사용하지 않으면 스팸메일로 처리되어 미수신될 가능성이 높다. 전자우편 제목에 자신의 이름을 포함하고, 메시지 내용을 함축하여 간략하게 나타내는 것이 좋다.

② 메시지는 가능한 짧게 요점만 작성한다.

메시지의 내용이 너무 긴 경우 내용 전달이 잘 안 되는 경우가 있다. 본문이 길어질 경우 서두에 본인이 전달하고 싶은 내용을 요약하고, 뒤에 각 항목에 대해 자세한 설명을 붙이도록 한다. 주요 요점을 나타낼 때에는 색깔이나 글자 굵기의 변화를 주어 강조한다.

③ 상대방이 읽기 쉬운 형식으로 작성한다.

전자우편의 본문에서 한 줄의 길이가 너무 길거나 띄어쓰기가 없으면 상대방이 본문을 읽기가 불편하다. 문장 중간에 엔터키를 쳐서 한 라인의 길이를 줄이고, 주제가 바뀌는 경우 한 라인을 더 띄어 주는 것이 좋다.

④ 메시지 끝에는 서명(signature)을 포함시킨다.

가능하면 메시지 끝에 서명(성명, 직위, 단체명, 메일주소, 전화번호) 등을 포함시킨다. 단, 서명은 4줄을 초과하지 않도록 한다. 메일을 보내기 전에는 주소가 올바른지, 맞춤법은 맞는지 확인한다.

⑤ 메일상에서 타인에 대해 말할 때는 정중함을 지킨다.

말은 내뱉으면 사라지지만 글은 기록으로 남는다. 전자우편을 통한 의견 교환은 정확

한 기록으로 남기 때문에 상대방의 기분이 상할 수 있는 비방을 하거나 욕설 등을 담은 전자우편은 삼간다. 특히, 타인에게 피해를 주는 언행에 각별히 주의한다.

3) 온라인 대화(Chatting)를 할 때의 네티켓

오늘날 온라인 대화(채팅)는 스마트폰 메신저 애플리케이션을 통해 우리 일상에 깊이 들어와 있어 활용하는 빈도가 매우 높다. 전 세계 어디서나 무료로 즐길 수 있는 그룹채팅과 1 : 1 채팅, 사진이나 동영상, 인터넷 링크주소 등 모든 것을 쉽게 보낼 수 있고, 비용이 거의 들지 않아 모든 사람이 널리 이용한다. 온라인 대화는 다양한 대화방에서 다양한 사람들과 대화를 할 수 있다는 장점이 있다.

최근에는 무절제한 대화 사용을 금하기 위해 ID를 실명화하고, 나이 조회 기능을 부여하자는 주장도 일고 있지만, 익명성 보장이라는 측면에서 반대 의견도 만만치 않아 양쪽 의견이 대립되고 있다. 온라인 대화 네티켓은 사이버 공간에서의 인간관계를 맺고 유지시켜줄 수 있는 중요한 예절이라는 점에서 각별히 네티켓에 신경 써야 하는 부분이다.

① 마주보고 이야기하는 마음가짐으로 대화한다.

온라인상으로 의견을 나눌 때 눈에 보이지 않기 때문에 커뮤니케이션의 한계가 존재한다. 온라인 커뮤니케이션의 한계를 극복하기 위한 쉬운 에티켓 중 하나는 메시지에 즉시 반응해주는 것이다. 메시지를 읽었음에도 불구하고 아무런 반응이 없다면 나를 무시하는 건 아닌지 불쾌감을 느낄 수 있다. 동시에 여러 사람과 이야기할 때는 상대방을 혼동하지 않도록 조심하며, 온라인 채팅에서 기본적으로 대화는 존댓말로 사용하는 것이 상대방을 존중하면서 자신의 생각도 차분하게 전달할 수 있다.

② 대화방에 들어가면 지금까지 진행된 대화의 내용과 분위기를 경청한다.

의견을 나눌 때 다툼과 오해가 발생하는 이유는 서로의 의견을 경청하지 않는데서 비롯되기도 한다. 대화방에 처음 들어가면 분위기 파악을 위해 지금까지 진행된 내용을 경청하고 상대방이 말하고자 하는 의도를 잘 들어야 한다.

③ 광고, 홍보 등을 목적으로 악용하지 않는다.

전자우편의 본문에서 한 줄의 길이가 너무 길거나 띄어쓰기가 없으면 상대방이 본문을 읽기가 불편하다. 문장 중간에 엔터키를 쳐서 한 라인의 길이를 줄이고, 주제가 바뀌는 경우 한 라인을 더 띄어 주는 것이 좋다.

④ 이모티콘 기호들을 적절히 사용하여 센스 있고 미소를 짓는 대화를 유도한다.

이모티콘이란 감정을 나타내는 emotion과 기호를 나타내는 icon이 합쳐진 말로 기호를 조합해 사람의 감정을 나타내주는 그림문자다. 대화할 때는 Smile 문자들(예: 미소 :-), 윙크 ;-) 등) 이나 이모티콘 기호들을 적절히 사용하면 온라인 채팅 상에서 간접적으로나마 글 이상의 정서를 전달할 수 있다.

⑤ 상대방을 비난하거나 욕설을 사용하지 않고 배려하는 태도를 갖는다.

감정이 격해지다 보면 욕설이 오가는 경우가 있는데, 상호 비방의 내용이나 타인의 명예를 훼손시킬 우려가 있는 내용은 금한다. 친구나 직장에서의 험담을 공개적으로 올리지 않는다. 또한 상대 의견에 반론을 제기한다 하더라도 상대방이 가지고 있는 긍정적인 면도 같이 이야기하면서 배려하는 태도가 중요하다.

4) 게시판을 사용할 때의 네티켓

인터넷 게시판은 회원이나 불특정 다수의 사용자들에게 각종 안내문이나 공지사항, 정보의 제공을 위해 공개된 전자 게시판을 뜻한다. 게시판에 글을 올릴 때에는 많은 사람들이 자신이 올린 내용을 보고 있다는 것을 항상 명심하고, 게시판의 기능을 최대한 즐겁게 사용할 수 있도록 해야 한다.

① 음란물이나 불건전한 정보를 올리거나 이용하지 않아야 한다.

우리가 이용하는 정보 중 음란물이나 불건전한 정보를 접하는 경우도 있으며, 아무런 생각 없이 불법정보를 올리는 경우도 있다. 이러한 정보는 인터넷 공간을 오염시키기 때문에 올려서도, 이용해서도 안 된다.

② 사실과 다른 내용을 올리지 않는다.

우리는 종종 사이버 공간의 익명성을 통해 현실세계의 자신과는 전혀 다른 사람이 되고 싶은 유혹을 받기도 한다. 이 점을 악용하여 사실과 다른 거짓정보를 올려 다른 사람에게 폭력을 행사하는데, 이와 같은 행동들은 남에게 해로움을 주는 것이므로 마땅히 해서는 안 된다.

③ 게시판 주제에 맞는 글을 올려야 한다.

게시판에 글을 올릴 때는 게시판의 주제에 맞는 글을 올리고, 자기가 쓰는 글을 잘 표현할 수 있는 제목을 붙여야 한다. 글의 내용 중에 잘못된 점이 있으면 빨리 수정하거나 삭제하고, 같은 글을 여러 번 반복해서 올리지 않는다.

④ 자료를 등록할 때는 가급적 압축하고, 자료 다운 시 감사의 인사를 한다.

자료를 올릴 때에는 압축해서 파일 용량을 줄이고, 사전에 바이러스 감염 여부를 점검한다. 좋은 자료를 받았으면 올린 사람에게 댓글이나 메일을 통해 감사의 표시를 한다.

⑤ 자료실에 바이러스를 퍼트리거나 불법적인 행동을 하면 안 된다.

자료실에는 불법 소프트웨어를 통해 바이러스를 퍼트리거나 해킹 같은 불법적인 행위를 해서는 안 된다. 자칫 처벌을 받을 수도 있고 반대로 자기 자신이 피해를 받을 수 있다.

Level up Mission Step

☎ 아래 [사례]를 보면 사이버 폭력으로 인한 신고 건수가 해마다 급증하고 있음을 알 수 있다. 앞서 배운 네티켓을 참고하여 인터넷을 활용하면서 자신이 잘 지키고 있는 것과 잘못된 네티켓에는 어떤 것들이 있는지 적어보자. 그리고 잘못된 네티켓으로 인해 사회적 문제로 발생한 문제 사례를 찾아보고, 이를 예방하거나 해결할 수 있는 방안에 대해 아이디어를 토론해보자.

잘 지키고 있는 네티켓

잘못된 네티켓

잘못된 네티켓의 사례와 예방 및 해결방안

사 례

사이버 폭력, 얼굴 없는 범죄의 위험성

며칠 전 가상 결혼 프로그램에 출연 중인 한 개그우먼이 집요한 악플에 시달리다 결국 악플러들을 상대로 증거를 수집해 법적 대응할 것임을 밝혔다.

인터넷과 사회관계망 서비스의 이용이 활발한 요즘 시대에 인터넷 명예훼손과 모욕은 어두운 그림자로 드리워져 있다. 지난해 사회관계망 서비스(SNS)나 게임상에서 발생한 명예훼손 또는 모욕이 하루 평균 40여건에 달하는 것으로 나타났다. 2015년 신고 접수된 사이버 명예훼손·모욕 범죄는 총 15,043건이었으며, 이 중 10,202명이 입건됐다. 2013년(6,320건)과 비교하면 약 2.4배 증가한 수치다.

더 나아가 온라인상의 폭력이 오프라인 범죄로까지 확산될 우려가 있어 심각한 사회적 문제가 되고 있다. 불특정 다수가 보는 인터넷, SNS 등의 정보통신망을 이용하여 타인을 비방하거나 명예를 훼손할 경우 형법 또는 정보통신망법 등 관련 법률에 따라 처벌받을 수 있다. 가해자는 한순간의 재미로 키보드를 두들겼을지 모르지만 그로 인해 형사 처벌은 물론 피해자의 손해배상 청구까지 받아야 할 수도 있다.

온라인은 기본적으로 여러 의견이 표출되고 맞물리는 자유로운 공간인 만큼 서로의 의견을 존중하는 인터넷 문화가 가장 중요하다. 얼굴이 보이지 않는 사이버 공간일수록 상대방에 대한 예절을 지켜야 한다. 건전한 비판은 중요하지만 인격을 모독하는 근거 없는 악플은 당사자에게는 정신적인 고통을 주고, 경우에 따라서는 생명까지 포기하게 만든다는 것을 명심해야 한다.

[출처] 브레이크뉴스, '사이버 폭력, 얼굴 없는 범죄의 위험성', 2017.3.31.

 2. 정보보안의 중요성

(1) 개인정보 보호의 이해

개인정보란 살아 있는 개인에 관한 정보로서 성명, 주민등록번호 및 영상 등을 이용하여 개인을 알아볼 수 있는 정보를 말한다. 스마트폰의 보급과 SNS의 일상적인 사용으로 개인정보 노출 문제는 더욱 증가하고 있다. 당사자가 정보를 공개하지 않더라도 그 사람과 연결된 친구의 정보를 추적하면 그 사람의 정보도 유추가 가능해진다.

또한 많은 기업들은 고객들의 개인정보를 데이터베이스화하여 마케팅에 활용함으로써 기업 내부자들에 의한 개인정보 침해 및 남용 사례도 빈번히 발생하고 있다. 최근에는 여러 방법을 동원하여 개인정보 수집, 분석하는 기술이 개발되고 있어 개인정보 침해를 일종의 재산보호 차원에서 다루고 있는 추세이다. 일반적으로 보호의 대상이 되는 개인정보는 다음과 같은 것들이 있다.

[표 4-2] 개인정보의 유형과 종류

분류	내용
일반 정보	이름, 주민등록번호, 운전면허정보, 주소, 전화번호, 생년월일, 출생지, 본적지, 성별, 국적 등
가족 정보	가족의 이름, 직업, 생년월일, 주민등록번호, 출생지 등
교육 및 훈련 정보	최종학력, 성적, 기술자격증/전문면허증, 이수훈련 프로그램, 서클 활동, 상벌사항, 성격/행태보고 등
병역 정보	군번 및 계급, 제대유형, 주특기, 근무부대 등
부동산 및 동산 정보	소유주택 및 토지, 자동차, 저축현황, 현금카드, 주식 및 채권, 수집품, 고가의 예술품, 보석 등
소득 정보	연봉, 소득의 원천, 소득세 지불 현황 등
기타 수익 정보	보험가입현황, 수익자, 회사의 판공비 등
신용 정보	대부상황, 저당, 신용카드, 담보설정 여부 등
고용 정보	고용주, 회사주소, 상관의 이름, 직무수행 평가기록, 훈련기록, 상벌기록 등
법적 정보	전과기록, 구속기록, 이혼기록 등
의료 정보	가족병력기록, 과거 의료기록, 신체장애, 혈액형 등
조직 정보	노조가입, 정당가입, 클럽회원, 종교단체 활동 등
습관 및 취미 정보	흡연/음주량, 여가활동, 도박성향, 비디오 대여기록 등

(2) 개인정보 유출 방지 방법

정보통신기술의 발달로 개인정보 침해의 확률이 높아지면서 개인정보 보안의 필요성도 커지게 되었다. 개인정보가 누군가에 의해 악의적인 목적으로 이용되거나 유출될 경우 개인의 사생활에 큰 피해를 줄 뿐만 아니라 개인 안전과 재산에 피해를 줄 수 있다. 개인정보 보호 종합포털에서는 개인정보 오남용 피해방지 10계명을 안내하고 있는데, 그 내용은 다음과 같다.

1) 개인정보 처리방침 및 이용약관 꼼꼼히 살피기

회원가입을 하거나 개인정보를 제공할 때에는 개인정보 처리방침 및 약관, 사업자의 개인정보 처리 목적 등을 자세히 검토한 후 가입/제공한다.

2) 비밀번호는 문자와 숫자로 8자리 이상

안전한 패스워드란 본인이 아닌 다른 사람이 쉽게 추측할 수 없으며, 인터넷을 통해 전송되는 정보를 해킹하여 이용자 패스워드를 알 수 없거나 알 수 있어도, 패스워드를 알아내는 데 많은 시간이 요구되는 패스워드를 말한다. 회원가입 시 비밀번호를 타인이 유추하기 어렵도록 영문/숫자 등을 조합하여 8자리 이상으로 설정한다.

3) 비밀번호 주기적으로 변경하기

자신이 가입한 사이트에 타인이 자신인 것처럼 로그인하기 어렵도록 비밀번호를 주기적으로 변경한다. 권장하는 패스워드 변경주기는 6개월 이며 패스워드 변경 시 이전에 사용하지 않은 새로운 패스워드를 사용하고 변경된 패스워드는 예전의 패스워드와 연관성이 없어야 한다.

4) 회원가입은 주민번호 대신 I-PIN 사용

가급적 안전성이 높은 주민번호 대체수단(아이핀:I-PIN)으로 회원가입을 하고, 꼭 필요하지 않은 개인정보는 입력하지 않는다.

5) 명의도용 확인서비스 이용하여 가입정보 확인

타인이 자신의 명의로 신규 회원가입 시 즉각 차단하고, 이를 통지받을 수 있도록 명의

도용 확인서비스를 이용한다. 자신의 개인정보가 노출되어 타인이 자신의 명의로 자신도 모르게 회원가입이 되어 있는 경우가 있으므로 명의도용 확인서비스를 이용하여 인터넷 가입정보 확인, 정보도용 차단, 실명인증기록 조회 등을 확인할 수 있다.

6) 개인정보는 친구에게도 알려주지 않기

자신의 아이디와 비밀번호, 주민번호 등 개인정보가 공개되지 않도록 주의하여 관리하며 친구나 다른 사람에게 알려주지 않는다. 자신의 개인정보가 노출되어 타인이 자신의 명의로 자신도 모르게 회원가입이 되어 있는 경우가 있으므로 명의도용 확인서비스를 이용하여 인터넷 가입정보 확인, 정보도용 차단, 실명인증기록 조회 등을 확인할 수 있다.

7) P2P 공유폴더에 개인정보 저장하지 않기

인터넷에 올리는 데이터에 개인정보가 포함되지 않도록 하며, P2P로 제공하는 자신의 공유폴더에 개인정보 파일이 저장되지 않도록 한다.

※ 관련사례 : 인터넷 P2P 사이트를 통해 주민등록번호를 수집하여, 중국에서 가짜 주민등록증을 만들어 국내에 들어온 후 이를 대포폰, 대포통장을 개설 및 고급 승용차 구입 등에 악용

8) 금융거래는 PC방에서 이용하지 않기

금융거래 시 신용카드 번호와 같은 금융정보 등을 저장할 경우 암호화하여 저장하고, 되도록 PC방 등 개방 환경을 이용하지 않는다.

9) 출처가 불명확한 자료는 다운로드 금지

인터넷상에서 정확히 모르는 파일을 다운로드하게 되면 그 파일이 개인정보를 유출하는 프로그램일 경우도 있고 해킹 프로그램 일수도 있어 파일을 다운로드 시행했을 시 이용자 개인 PC에 있는 개인정보를 유/노출시킬 수 있으므로 파일 내역을 잘 모르거나 의심이 가는 자료는 다운로드하지 않는다.

10) 개인정보 침해신고 적극 활용하기

개인정보가 유출된 경우 해당 사이트 관리자에게 삭제를 요청하고, 처리되지 않는 경우 즉시 개인정보 침해신고를 한다.

 Level up Mission Step

 아래 [사례]는 개인정보 침해 민원에 대한 기사이다. 자신도 모르는 사이 개인정보가 유출된 경험이 있는가? 자신에게 중요한 개인정보는 무엇이 있는지 생각해보고, 개인정보 보안을 위해 어떠한 노력을 기울여야 할지 적어보자.

사례

"내 번호 어떻게 알고?"···선거문자 개인정보 침해 민원 급증

오는 13일 실시되는 제7회 전국동시지방선거와 관련해 후보를 홍보하는 휴대폰 문자메시지가 급증하면서 이와 관련한 개인정보 침해 민원도 급증하고 있는 것으로 나타났다.

9일 한국인터넷진흥원에 따르면 '118 사이버민원센터'에 5월 1일부터 6월 8일까지 접수된 선거 홍보문자와 관련한 개인정보 침해 상담 건수는 총 1만,1626건이다. 선거운동이 본격적으로 시작된 5월 31일부터 6월 8일까지 9일 동안 선거 홍보문자에 대한 개인정보 침해 상담 건수는 7,932건으로 나타났다. 특히 사전투표 전일과 당일(6월 7일~ 8일)에는 시간당 350콜 이상이 접수되는 등 선거 홍보문자와 관련한 개인정보 침해 상담 문의가 급증했다.

민원 내용은 대부분 자신의 전화번호를 어떻게 알고 문자를 보냈냐는 개인정보 출처 미고지(3,820건, 32.9%)에 관한 것이고, 두 번째는 수신거부 후에도 지속적으로 문자가 수신(3,155건, 27.1%)되고 있다는 것이다. 이에 따라 인터넷진흥원은 선거 홍보문자들로 인한 일반 국민의 개인정보 유출의심 불안 등 민원 고충을 해소하기 위해 118 상담 전화 회선을 6회선 긴급 증설한다고 밝혔다. 또 주말과 야간 시간대 비상 대응 인력을 최대 8명까지 추가 투입하는 등 민원 대응에 만전을 기한다는 방침이다.

황성원 118 사이버민원센터장은 "개인정보가 유출돼 선거 홍보문자가 발송된 것으로 의심되는 경우에는 선거 홍보문자 발송 주체에게 개인정보 수집 출처를 우선 요구하고, 잘 모른다거나 모호하게 답을 하는 경우 인터넷진흥원의 개인정보침해신고센터에 신고해 개인정보 주체의 권리를 적극적으로 행사하는 것이 좋다."고 조언했다.

[출처] NEWS1, 〈"내 번호 어떻게 알고?"···선거문자 개인정보 침해 민원 급증〉 2018.6.9.

 학습평가 Quíz

1. 다음 중 괄호 안에 공통적으로 들어갈 말은?

> (   )란 살아 있는 개인에 관한 정보로서 성명, 주민등록번호 및 영상 등을 이용하여
> 개인을 알아볼 수 있는 정보를 말한다. 스마트폰의 보급과 SNS의 일상적인 사용으로
> (   ) 노출 문제는 더욱 증가하고 있다. (   )가 누군가에 의해 악의적인 목적으로
> 이용되거나 유출될 경우 개인의 사생활에 큰 피해를 줄 뿐만 아니라 개인 안전과 재산
> 에 피해를 줄 수 있다.

① 개인정보   ② 계좌번호
③ 주민등록정보   ④ 운전면허정보

2. 다음은 인터넷의 역기능에 대한 설명이다. 괄호에 들어갈 단어는 무엇인가?

> (   )은/는 컴퓨터 통신망을 이용하여 개인메일계정으로 수신자의 동의 없이 일방
> 적, 대규모로 전달되는 전자우편을 말한다. (   )은/는 시간낭비, 생산성 저하 등 간
> 접적인 피해뿐만 아니라 음란물 및 바이러스 유포 등 시스템 손상을 일으켜 직접적인
> 피해를 입히기도 한다.

① 해킹   ② 스팸 메일
③ 트로이목마   ④ 파워 바이러스

3. 온라인 대화를 할 때의 에티켓으로 바르지 않은 것은?

① 마주보고 이야기하는 마음가짐으로 임한다.
② 광고, 홍보 등을 목적으로 악용하지 않는다.
③ 다른 사람의 대화를 듣기 전에 먼저 자신의 의견을 주장한다.
④ 이모티콘 기호 등을 사용하여 미소 짓는 분위기를 유도한다.

4. 인터넷을 활용하면서 전자우편 활용, 채팅, 게시판 활용을 할 때에도 지켜야 할 예의가 있다. 각각의 경우를 생각하면서 지켜야 할 예의는 어떠한 것들이 있는지 적어보도록 하자.

① 전자우편(E-Mail) 사용할 때의 네티켓

② 온라인 대화(채팅)를 할 때의 에티켓

③ 게시판을 활용할 때의 에티켓

5. 개인정보 보호 종합포털에서는 개인정보 오남용 피해방지 10계명을 통해 개인정보 보호의 중요성을 강조하고 있다. 중요한 개인정보를 보호하기 위해 자신의 개인정보 보호 5계명을 만들어보자.

학습내용 요약 Review (오늘의 Key Point)

1. 정보윤리는 정보 사회에서 일어나고 있는 윤리적 문제들을 해결하기 위한 규범체계를 일컫는 말로서, 단순히 정보통신기기를 다루는 데 있어서뿐만 아니라 정보 사회를 살아가는 데 있어서 옳음과 그름, 좋음과 나쁨, 윤리적인 것과 비윤리적인 것을 올바르게 판단하여 행위를 하는 데 필요한 규범적인 기준체계이다.

2. 인터넷의 역기능으로 개인정보 침해, 사이버 범죄, 명예훼손 및 유언비어, 허위사실 유포, 인터넷 중독, 저작권 침해, 컴퓨터 바이러스, 해킹, 스팸 메일 등의 피해가 있다.

3. 네티켓(Netiquette)은 사이버 공간에서 인터넷 사용자가 기본적으로 지켜야 하는 예절로 네트워크 에티켓이다. 네티켓은 통신망을 뜻하는 네트워크와 예절을 뜻하는 에티켓의 합성어로, 네티즌이 사이버 공간에서 지켜야 할 비공식적인 규약이라고 할 수 있다.

4. 전자우편(E-Mail)을 사용할 때의 에티켓은 정확한 제목 사용, 가능한 짧은 요점만 담은 메시지, 상대방이 읽기 쉬운 형식 갖추기, 메시지 끝에는 서명을 포함, 타인에 대한 정중한 자세가 요구된다.

5. 온라인 대화(Chatting)를 할 때의 에티켓은 마주보고 이야기하는 마음가짐으로 대화하기, 대화방에서는 상대방의 의견을 경청하기, 광고나 홍보 등을 목적으로 악용하지 않기, 이모티콘으로 긍정적인 정서 전달하기, 욕설은 삼가고 배려하는 태도를 갖기 등이 있다.

6. 개인정보란 살아 있는 개인에 관한 정보로서 성명, 주민등록번호 및 영상 등을 이용하여 개인을 알아볼 수 있는 정보를 말한다.

7. 개인정보 유출을 방지하기 위해서는 디지털 정보의 특징을 잘 파악하고 있어야 한다. 사이버 상에서 개인정보는 언제든지 쉽게 유출될 수 있다는 것을 염두 해야 한다. 이러한 정보가 유출될 경우 개인 안전과 재산에 피해를 줄 수 있으므로 개인정보 오남용 피해방지를 위한 노력을 기울여야 한다.

 스스로 적어보는 오늘 교육의 메모

컴퓨터활용능력

2
PART

컴퓨터의 이론

Contents

1. 컴퓨터의 의미와 활용
2. 컴퓨터의 구성

Learning Objectives

1. 컴퓨터의 의미와 활용에 대해 설명할 수 있다.
2. 컴퓨터의 구성에 대해 설명할 수 있다.

5
Chapter

INFORMATION
COMPETENCY

컴퓨터(Computer)의 어원

과거 컴퓨터는 프로그램을 통하여 자동적으로 계산이나 작업을 수행하는 기계로 아날로그 컴퓨터와 디지털 컴퓨터가 있지만, 현대 컴퓨터는 일단 폰 노이만 구조에 기반을 둔 디지털 컴퓨터를 의미한다. 좁은 의미로는 슈퍼 컴퓨터, 서버급의 메인 프레임, 개인용 컴퓨터(PC, 매킨토시 등), 휴대용 컴퓨터(노트북 컴퓨터, 태블릿 컴퓨터 등)를 컴퓨터라고 부르지만, 넓은 의미로는 게임기, PMP, 스마트폰, 계산기 등도 컴퓨터로 볼 수 있다.

'컴퓨터'라는 단어의 뿌리는 Compute + er, 즉 계산하는 자(者), 옛날 책에서는 초창기 컴퓨터를 "전자 계산 자"라고 적기도 했다. 이름 자체가 2차 대전 중 포탄의 탄도 계산을 위하여 기계식 계산기와 표를 이용해 숫자 계산을 수행하던 여성 근로자들의 직업에서 따 온 이름. 이때 당시만 해도 말 그대로 '계산하는 사람'이라는 단어였으나, 전자 계산기가 발명되고 해당 직업이 사라지면서 자연스럽게 사물의 명칭을 가리키는 단어로 바뀌었다. 전자 계산기, 원래 컴퓨터는 고속 연산을 목적으로 개발되었다.

컴퓨터의 근원은 바로 계산기다. 'compute'라는 말부터 계산을 뜻한다. 이 단어 자체도 전자계산기를 의미하는 단어다. 실제로 슈퍼컴퓨터와 같은 대형 컴퓨터는 우리가 일반적으로 사용하는 것과는 달리 오로지 막대한 분량의 계산을 하는 용도로 사용되고 있다. 에니악 같은 초창기의 컴퓨터도 복잡한 수식을 계산하는 용도로 발명된 것이다. 일반적인 PC 역시 그 뿌리는 계산기다. 간단한 문자 입력부터 시작해서 고사양 3D 게임 실행에 이르기까지 컴퓨터의 모든 동작은 1과 0으로 이루어진 이진수의 사칙연산 및 논리연산을 통해 수행되기 때문이다.

몇몇 언어에서는 컴퓨터를 다르게 부르는데, 불어로는 '정돈하는 자'라는 뜻의 오르디나퇴르(ordinateur), 터키어로는 '정보를 계산하는 자'라는 뜻의 빌기사야르(bilgisayar), 그리스어로는 '전자정보처리기'라는 뜻의 일렉트로니코스 이폴로기스티스(Ηλεκτρονικός υπολογιστής), 아이슬란드어로는 '수(數)의 무녀'라는 뜻의 퇼바(tölva), 중국어로는 전뇌(電腦), 즉 전자두뇌다.

[출처] 나무위키, '컴퓨터의 의미', 2018. 1. 21. 발췌

앞서 컴퓨터의 어원을 살펴 보았듯이, 현대의 컴퓨터는 과거와 상상하기 어려울 정도의 발전을 이루어왔다. 본 챕터에서는 컴퓨터의 의미와 구성에 대해 학습해 보고자 한다.

1. 다음은 무엇에 대한 설명인가?

> ○○○는 계산을 하기 위한 기기이며, 인간을 대신해 막대한 양의 데이터를 입력받고 계산하며 출력하는 도구이다. 하드웨어와 소프트웨어로 구성되며, 애플리케이션을 활용하여 사용자가 편리하게 사용할 수 있다.

① 인터넷   ② 컴퓨터
③ 데이터베이스   ④ 휴대폰

2. 다음은 컴퓨터의 활용요소 중 무엇에 대한 설명인가?

> 전 세계의 컴퓨터들이 하나의 거대한 망으로 연결되어 컴퓨터 간에 정보를 주고받을 수 있도록 구성된 네트워크이다. 이를 이용하여 전 세계의 인터넷 사용자들은 거리와 시간의 제약 없이 실시간으로 지구 반대편에 있는 사람과 정보를 교환할 수 있게 되었다.

① 인터넷   ② 컴퓨터
③ 데이터베이스   ④ 휴대폰

3. 하나의 조직 내에서 관련 있는 데이터들의 집합체를 의미한다. 데이터의 검색, 갱신, 동시성, 보안성의 기능을 가진 이것을 무엇이라 하는가?

① 인터넷   ② 컴퓨터
③ 데이터베이스   ④ 휴대폰

1. 컴퓨터의 의미와 활용

(1) 컴퓨터의 의미

일상생활에서는 노트북, 태블릿 PC에서부터 초고속 슈퍼컴퓨터에 이르기까지 다양한 종류의 컴퓨터들이 쓰이고 있다. 컴퓨터의 의미는 시간이 지나면서 달라졌지만 여러 종류의 데이터를 처리하는 기기라는 점은 동일하다. 즉, 가장 큰 의미에서 컴퓨터는 계산을 할 수 있는 기기이다.

지금의 컴퓨터의 의미는 단순히 내 앞에 놓여있는 태블릿 PC, 노트북, 데스크톱 PC 등한 가지로만 정의하기 어렵다. 역사적으로 거슬러 올라가면 컴퓨터는 여러 가지 의미로 해석된다. 우리나라의 경우 조선 시대에서 상단이 주로 사용했던 '돈궤'라는 물건에는 붓 등필기도구, 주판, 장부, 엽전과 지폐를 구분하여 넣는 공간이 있었다. 이 돈궤에서 주판을 꺼내 계산하고 필기도구로 장부에 기록하고 엽전과 지폐를 주고받았을 것으로 추정된다.

신기한 것은 바로 이 '돈궤'가 조선 시대 컴퓨터의 역할을 하여 전자 회로 없이 계산을 할 수 있는 물건이라는 것이다. 일상생활에서 우리들이 사용하고 있는 노트북이나 스마트폰과 비교해 보자. 항상 휴대할 수 있는 노트북이나 스마트폰으로 점심 값을 신용카드 대신 애플리케이션으로 결제할 수 있으며, 메모를 남겨 저장하고 언제든 불러와 사용할 수 있다. 이는 조선 시대 '돈궤'와 쓰임새가 비슷하다. 예전부터 선조들은 현재의 노트북을 나름대로 만들어 사용하고 있었던 것이다.

특히, 주판은 오랜 기간 동안 쓰였기 때문에 먼 옛날부터 컴퓨터가 존재했다고 볼 수 있다. 이후 서양에서 기계식 계산기가 나왔고 19세기에 비로소 전자식 계산기가 개발되면서 컴퓨터가 점차 보급되기 시작했다. 이때 사용한 계산기가 곧 컴퓨터의 의미로 해석되고 있다. 우리가 현재 흔히 쓰고 있는 컴퓨터는 퍼스널 컴퓨터, 즉 PC라고 정의해도 무방하다. 이 퍼스널 컴퓨터로 '돈궤'처럼 계산기로만 쓰지 않고, 다양한 애플리케이션(프로그램)을 설치하여 업무에 활용하거나, 개인적으로 음악을 듣거나 영화를 보고 게임도 하는 등놀이로도 이용하고 있다.

[그림 5-1] 주판

[그림 5-2] 노트북

에니악(ENIAC)이라든지 폰 노이만형 컴퓨터의 개발 등의 컴퓨터 역사를 자세히 알 필요는 없지만 컴퓨터의 역사를 어느 정도 알아야 컴퓨터를 이해할 수 있는 것은 분명하다. 간단히 컴퓨터의 역사를 소개하면 주판에서부터 시작하여 영국의 존 플레밍(John Ambrose Flemingm, 1849~1945)이 개발한 '진공관(Vacuum Tube)'을 시작으로, 영국의 앨런 튜링(Alan Turing, 1912~1954)이 '튜링 기계'의 개념을 정의한 논문이 발표되면서 근대적인 컴퓨터의 기본 동작 원리가 확립됐다. 이때에도 컴퓨터는 복잡하거나 방대한 계산을 하기 위해 만들어졌고, 현재에도 전 세계 엔지니어들은 방대한 양의 자료(Data)를 가장 신속하고, 정확하게 계산할 수 있도록 하기 위해 컴퓨터를 계속적으로 개발하고 있다.

[그림 5-3] 에니악

컴퓨터는 계산을 하기 위해 생겨난 기기이며, 인간을 대신해 막대한 양의 데이터를 입력받고 계산하며 출력하는 편리한 도구이다.

그렇다면 우리는 이 컴퓨터를 얼마나 '잘' 다루고 있을까? 컴퓨터를 '잘' 다룬다는 의미는 컴퓨터를 '잘' 안다는 의미와 비슷하다. 컴퓨터의 편리한 기능으로 우리는 더욱 많은 것을 할 수 있지만 '잘못' 사용한다면 오히려 컴퓨터는 단순 장식용에 그칠 것이다. 그렇다면 컴퓨터를 '잘' 다룬다는 의미를 더 자세하게 살펴보자.

현대 사회에서 우리는 컴퓨터를 업그레이드한다는 이야기를 자주 한다. 업그레이드를 위해 그래픽카드나 RAM을 바꾸거나 일부 부품을 사서 교체하는 것을 자연스럽게 생각한다. 이렇게 PC를 업그레이드할 수 있는 이유, 즉 CPU, 보드, 램, 하드 등 각 부품의 제조사가 달라도 PC가 잘 구동되는 이유는 무엇일까? 바로 호환성 때문이다. 각 부품이 서로 호환할 수 있도록 약속되어 제작이 이루어지기 때문에 PC가 구동될 수 있는 것이다.

(2) 컴퓨터의 활용

컴퓨터를 접하고 이를 공부하기 시작하면 컴퓨터를 직접 조립하거나, 간단한 프로그래밍 언어를 배워 새로운 프로그램을 만들어 보고 싶은 생각이 들지도 모른다. 컴퓨터공학에 대해 공부하거나 관련 학위를 취득해야 컴퓨터를 '잘' 하는 것은 아니다. 영화에서 본 해커나 컴퓨터 전문가들이 꼭 컴퓨터를 '잘' 다루는 것도 아니다. 이들은 컴퓨터 영역의 여러 분야 중 특정 하드웨어나 소프트웨어 분야에서 전문가이지 다른 분야에 대해서는 잘 모를 수도 있다. 해커가 컴퓨터를 잘 만들진 못할 수 있다는 뜻이다.

직장 생활이나 일상생활에서 컴퓨터를 잘 활용하는 사람이 있다. 예를 들어 5일 안에 업무 보고서를 작성하라는 지시를 받았을 때, 하루~이틀 만에 보고서를 완성하고 3~4일 동안 쉬면서 자기계발에 몰두하는 사람도 있다. 마침 그 업무에 정통하였거나 미리 준비하였을 수도 있지만 만약 컴퓨터를 '잘' 다루는 사람이었다면 어떤 생각이 드는가? 회사를 다닐 때 컴퓨터를 잘한다는 소문을 듣고 도움을 요청한 동료가 여럿 있었다. 하지만 열심히 가르쳐 주어도 동료들은 자신이 원하는 결과를 만들어 내지 못하였다. 왜 그런 결과가 나왔을까 생각해 보아야 한다.

 Level up Mission Step

 현재 우리가 사용하고 있는 컴퓨터가 조선 시대의 '돈궤'라고 생각하면, 향후 미래에 사용될 퍼스널 컴퓨터(PC)는 어떠한 모습일지 작성해 보자.

 사 례

100만 배 빠른 양자컴퓨터 시대 도래한다.

글로벌 IT 기업들의 양자컴퓨팅 기술 주도권 다툼이 자체 개발 경쟁으로 번지고 있는 가운데, 국내 시장은 아직 초보적인 단계에 머물러 있다. IBM, 구글, 마이크로소프트 등은 양자컴퓨터 개발에 박차를 가하지만 국내 시장은 이제 걸음마 단계다. 이에 국내 양자컴퓨터 시장을 확장시켜 나가야 한다는 주장이 제기되고 있다.

양자컴퓨터는 기존 일반 컴퓨터보다 100만 배 빠른 최첨단 컴퓨터다. 양자역학의 원리에 따라 작동되는 미래형 컴퓨터라 가능하다. 양자역학의 특징을 살려 병렬처리가 가능해지면 기존의 방식으로 해결할 수 없었던 다양한 문제를 해결할 수 있게 되기 때문이다. 특히 인공지능·신약 개발 등 4차 산업혁명의 핵심 분야의 컴퓨팅 성능을 획기적으로 개선할 것으로 기대되는 차세대 컴퓨팅 기술이 양자컴퓨터다. 이 양자컴퓨터는 중첩과 얽힘 등 양자역학적 현상을 이용해 다수의 정보를 동시에 연산할 수 있도록 구현돼 있다.

기존의 일반 컴퓨터가 300자리 정수를 소인수분해하는 데 백만 년이 걸린다면, 양자컴퓨터는 성능에 따라 1초 만에도 이를 계산할 수 있다는 특징이 있다. 양자컴퓨팅 기술은 지금부터 6년간 연평균 성장률이 24.6%에 이를 것으로 추정된다. 이에 홈랜드 시큐리티 리서치는 "6년 뒤 2024년에는 양자컴퓨터 시장 규모가 11조원에 이를 것"이라는 전망을 내놨다.

또 다른 시장조사기관 가트너(Gartner)도 지난 2년 동안 양자컴퓨터에 대한 문의가 매년 3배 이상 증가하고 있다고 밝혔다. 안정적인 품질의 양자컴퓨터 제품 또는 서비스가 기존 산업을 변화시킬 잠재력을 보유하고 있다고도 평가했다.

글로벌 IT기업들 양자컴퓨터 시장에 뛰어들어

지난 5~6년 동안 많은 나라들이 양자컴퓨팅 기술을 국가적 과제로 선정하며 양자정보에 투자하기 시작했다. 대표적으로 영국에서는 2013년 이미 4,000억원 규모의 예산을 집중 투자한 바 있다. 수많은 글로벌 정보통신기술(ICT) 기업들이 양자컴퓨터 개발에 경쟁적으로 투자를 시작했다. IBM, 구글, 마이크로소프트, 인텔 등 미국의 거대 IT 공룡들이 기술 개발을 주도하는 가운데 일본, 유럽, 중국의 주요 기업들도 각축전에 참여하고 있는 양상이다.

IBM은 양자컴퓨터 기술 개발에 가장 앞서 있는 기업 중 하나다. 최정상급 기술을 보유한 IBM은 지난해 12월 세계 12개 기관과 공동연구 계획을 발표하는 등 활발한 모습을 보이고 있다. 구글은 양자컴퓨터 기술 개발에 늦게 뛰어들었다. 그러나 구글은 존 마르티니스 박사를 영입하면서 양자컴퓨터의 여러 선두 경쟁기업들을 따라잡았다. 이에 올해 3월 구글은 IBM의 50큐비트를 넘어서는 72큐비트 양자 프로세서를 공개하기도 했다. 이는 지금까지 발표된 최고 큐비트의 양자 프로세서다. 마이크로소프트도 양자컴퓨터가 곧 미래 먹거리라는 인식 아래 하드웨어는 물론이고 소프트웨어 개발에도 주력하고 있다.

중국에서는 2015년부터 알리바바가 양자컴퓨터 기술 개발을 주도하고 있다. 알리바바는 2017년에 스야오윈 미시건 대학 컴퓨터 공학과 교수, 마리오 세게디 럿거스 대학 교수 등 양자컴퓨터 전문가를 잇달아 영입하고 있다.

[출처] 뉴시안(http://www.newsian.co.kr), 〈4차 산업혁명을 묻다〉, 2018. 6. 26 발췌

2. 컴퓨터의 구성

(1) 하드웨어

하드웨어(Hardware)는 영어의 어원에 의하면 딱딱한 물건으로 우리가 물리적으로 만질 수 있다는 의미이다. 인간이 건강한 몸 없이는 아무리 뛰어난 지능이나 도구들이 있더라도 제대로 활용할 수 없듯이, 하드웨어(Hardware)는 다양한 소프트웨어를 정상적으로 작동시키는 데 기초가 되는 몸체라고 할 수 있다. 컴퓨터의 경우에는 기계장치이고, 사람의 경우에는 몸체를 뜻한다. 반면에 소프트웨어는 장치나 몸체를 관리하고 하드웨어를 활용해서 여러 가지 업무와 작업들을 실행할 수 있는 프로그램을 의미한다.

[그림 5-4] 컴퓨터의 하드웨어 기본구성

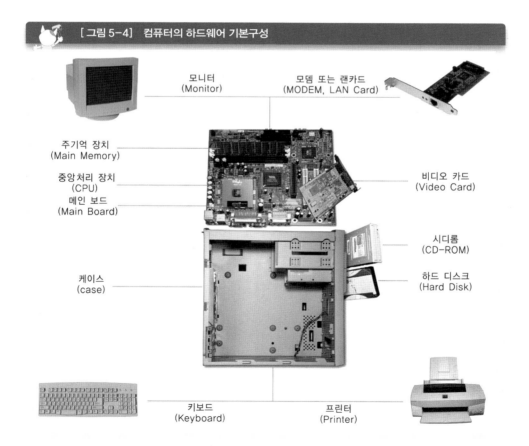

컴퓨터의 하드웨어는 크게 입출력장치, 데이터 저장장치, 연산처리장치, 네트워크 통신장치 등으로 구분할 수 있다. 입력장치는 컴퓨터에 데이터를 집어넣는 장치로 흔히 키보드와 마우스 그리고 스캐너 등 사람에 비유하면 보고 듣고 냄새를 맡아 뇌에 전달하는 눈, 귀, 코를 뜻한다. 출력장치는 연산처리된 데이터를 나타내는 모니터, 프린터, 스피커 등을 말한다. 데이터 저장장치는 사람의 기억력과 같은 이치인데 사람이 기억할 수 있는 양에 한계가 있어 수첩이나 메모지 등에 적어놓는 것처럼 컴퓨터 본체에 있는 주기억장치 외에 보조기능을 할 수 있는 장치, 즉 외장하드와 USB를 의미한다. 뇌는 연산처리장치와 유사한 역할을 하는데 입력장치로부터 저장된 데이터를 계산, 응용 처리하는 역할을 한다. 네트워크 통신장치는 컴퓨터가 외부와 연결될 수 있도록 해주는 랜카드, 네트워크 케이블, 모뎀, 라우터와 같은 장치이다.

인터넷 홈페이지처럼 여러 명이 동시접속을 가능하게 하려면 컴퓨터보다 성능이 뛰어난 서버급 컴퓨터를 사용해야 한다. 서버급 컴퓨터는 유닉스(Unix), 리눅스(Linux), 윈도우 NT와 같은 운영체제를 설치하여 네트워크 송수신의 기능을 갖춰야 한다. 우리가 일반적으로 사용하는 가정용 PC와는 달리 서버급 컴퓨터는 24시간 운영에 무리가 없어야 하며 데이터 복구 또는 백업기능을 필수적으로 갖추어야 한다. 이러한 서버급 컴퓨터는 파일이나 프린터 공유, 데이터베이스, 메일, 그룹웨어 등과 같은 서비스를 제공한다.

(2) 소프트웨어

위 본문에서 컴퓨터의 몸체를 이해했다면 하드웨어에 생명력을 불어넣는 소프트웨어에 대해서 알아보자. 컴퓨터가 느리고 저장 공간이 부족하던 시절에 소프트웨어는 하드웨어의 부속품에 불과했었지만, CPU에 속도가 빨라지고 저장 공간이 확대되면서 소프트웨어가 컴퓨터의 가치를 결정하고 있다. 하드웨어가 아무리 최첨단이라도 좋은 소프트웨어가 들어 있지 않은 컴퓨터는 그 진가를 발휘할 수 없다. 예컨대 비싼 금액을 지불하고 사양이 높은 PC를 구매하더라도 '피카추배구'나 'FIFA98'과 같은 게임만 잔뜩 들어 있다면 단지 고전게임 기계일 뿐이다.

최근 들어 많은 이들이 고가의 최첨단 스마트폰을 들고 다닌다. 어떤 사람들은 기본적인 스포츠뉴스 검색이나 메신저 기능을 제외하면 대부분 전화 통화의 기능으로 스마트폰을 사용한다. 반면에 주식을 하고 실시간 카지노를 즐기며 또는 SKYPE로 화상미팅을 하며 회사의 컴퓨터나 스캐너를 원격으로 조종하고, 때로는 운동량을 매일 체크하여 건강관리를 하는 데 스마트폰을 사용하는 사람들도 있다. 같은 스마트폰이라도 어떤 소프트웨어를 설치하여 얼마나 잘 활용하느냐에 따라서 하드웨어의 가치가 달라지는 것이다.

현대사회에서 또는 4차 산업 시대에는 어떠한 산업들이 성장하고 있을까? 사실 20세기 전통산업이라고 여겨졌던 철강, 조선, 정유, 자동차, 건설과 같은 제조업과 금융이나 유통 같은 서비스업 분야에서는 더 이상 새로운 대기업이 등장하고 있지 않다. IT에서도 IBM이나 삼성전자와 같은 기업들이 굳건히 자리를 지키고 있는 하드웨어 분야는 더 이상 새로운 대기업이 등장하지 않고 있다. 그나마 아이폰을 개발한 애플의 급성장이 눈에 띄는 정도이지만, 애플은 하드웨어보다는 소프트웨어에 더 비중을 두고 있는 것으로 보인다. 반면 소프트웨어 분야에서는 21세기 들어 구글, 이베이, 아마존닷컴, 네이버, 지마켓과 같은 인터넷 기업들은 물론이고 안철수 연구소와 같은 컴퓨터 보안업체들이 급성장을 하였다. 몇 년 전 중국의 알리바바는 단기간에 세계적인 기업으로 혜성처럼 등장하기도 하였다. 주목할 것은 전통산업에서도 소프트웨어를 적극적으로 활용하여 비즈니스 프로세스를 개선하거나 새로운 제품 또는 서비스를 개발한 기업들은 치열한 경쟁에서도 성장하거나 버티고 있다는 것이다. 예를 들어, 나이키는 스스로를 더 이상 신발업체라고 한정하지 않고 IT업체로 인식하고 있다. 신발에 센서를 부착하여 인체로부터 데이터 를 수집하여 분석함으로써 건강에 도움을 주는 기업으로 변신하려 하고 있다는 것이다.

자동차 업체들도 운전 중에 발생하는 데이터를 수집하여 자동차의 성능을 개선하는 데 활용하거나 소프트웨어를 기반으로 한 각종 센서를 부착하여 사고를 예방하려 하고 있다. 현대 사회에서는 어떤 산업이든 하드웨어는 경쟁의 기본이고 우수한 소프트웨어를 갖추는 것이 경쟁력에 있어서 우위에 설 수 있게 된 것이다.

명절을 앞두고 백화점과 대형마트에서는 '또봇'과 '터닝메카드' 쟁탈전이 일어난다. 이 변신로봇 장난감이 인기를 얻으면서 이를 차지하기 위한 실랑이까지 벌어졌다. 이 로봇들은 한국의 중소기업이 만든 것으로 특히 또봇시리즈 가운데 '쿼트란'은 8만원의 고가에

도 불구하고 전국적으로 25만 개 이상 팔려나갔다. 사실, 또봇은 만화스토리 콘텐츠가 만들어낸 것인데, 로봇이라는 하드웨어와 만화라는 소프트웨어가 복합되어 설계되었다.

시중에 일반 레고나 로봇 장난감^(하드웨어)보다 아이들에게는 만화 콘텐츠 속의 스토리를 상상하여 적용한 로봇 장난감^(하드웨어)의 가치가 훨씬 더 크게 느껴진다는 것이다. 이처럼 소프트웨어는 단지 컴퓨터에 설치할 수 있는 프로그램을 떠나 하드웨어에 생명력을 불어넣을 수 있는 엄청난 무기가 되었다.

 Level up Mission Step

📞 우리가 일상에서 사용하고 있는 컴퓨터의 '하드웨어'와 '소프트웨어'에 대해서 설명해 보자.

사례

컴퓨터의 미래 전망

앞으로 컴퓨터는 어떻게 발전해 나갈까? 컴퓨터는 점점 더 우리 생활과 밀접하게 연결이 되면서 매우 다양한 형태를 갖추게 될 것으로 전망된다. 특히 안경, 시계, 의복 등과 같이 착용할 수 있는 형태로 된 웨어러블 컴퓨터(wearable computer)의 시대가 열리고 있다. 웨어러블 컴퓨터는 언제 어디서나 쉽게 사용할 수 있고, 착용하여 사용하기에 편하기 때문에 스마트 시계를 중심으로 시장이 확대되기 시작했다. 웨어러블 컴퓨터는 액세서리형에서 시작하여 직물/의류 일체형, 신체 부착형, 그리고 궁극적인 목표인 생체이식형으로 신체에 근접하는 방향으로 발전해 나갈 전망이다. 과거에는 매우 어려웠던 웨어러블 컴퓨터 제품들이 하나 둘씩 늘어가는 이유는 무엇일까? 2000년대에 이르러서 부품의 초경량화와 모듈화, 무선 기술의 발전으로 딱딱한 컴퓨터 형태의 하드웨어를 벗어날 수 있게 되었기 때문이다. 현재 상용화되어 있는 웨어러블 컴퓨터 제품들에는 음성인식, 제스처 인식, NFC, 헬스 모니터링 및 증강현실 등의 기술을 적절하게 사용해서 독특한 사용성을 자랑하는 제품들이 많다. 또한, 전자 문신 등의 몸 부착형과 알약 등의 체내 삽입형도 미래에는 많이 보급될 것이다. 세계적인 매체들의 리포트에 따르면 웨어러블 컴퓨터 시장은 향후 3~5년 이내에 10배 이상의 성장을 보일 것으로 예측되고 있다.

최근에는 패션 브랜드와의 융합 노력도 활발하다. 2000년 여름에 최초의 상업용 의류형 웨어러블 재킷인 ICD+가 청바지 업체인 리바이스(Levi's)와 전자제품을 만드는 필립스(Philips)에 의해 개발되었고, 2006년에는 스포츠 브랜드인 나이키(Nike)와 애플의 아이팟(iPod)의 합작으로 사용자들이 자신들의 움직임을 아이팟에서 자동으로 동기화해줄 수 있는 스포츠 킷인 Nike+ 아이팟이 개발되었다.

나이키는 아이팟을 위해 특별히 디자인된 주머니가 있는 옷들을 만들기도 했다. 2007년에는 무선 활동과 수면을 모니터링해주는 밴드형 피트니스 트래커를 만드는 스타트업 핏빗(Fitbit)이 설립되어 팔찌형 스마트 기기로는 가장 많이 팔리는 제품들을 가진 회사가 되었다. 2012년에는 크라우드 펀딩 플랫폼인 킥스타터를 통해 1,000만 달러가 넘는 선구매 계약이 이루어져 세계를 놀라게 한 스마트 시계 페블(Pebble)이 등장하였고, 2015년에는 드디어 애플이 스마트 시계인 '애플 워치'를 시판하면서 본격적인 웨어러블 컴퓨터의 시대를 예고하고 있다. 그렇다고, 웨어러블 컴퓨터의 확산에 대한 장밋빛 전망만 있는 것은 아니다. 특히 소형화, 경량화와 함께 저전력 문제를 어떻게 해결할 것인가에 대한 문제는 아직도 가장 중요하지만, 해결은 되지 않는 대표적인 문제다. 또한, 웨어러블 컴퓨터는 사용자의 몸에 직접 착용하는 것이기 때문에 무겁거나 거추장스러우면 사용자들이 금방 착용을 거부하게 될 것이다. 웨어러블 디바이스 때문에 일어날 수 있

는 프라이버시 침해 문제에 대해서도 많은 고민이 필요하다. 웨어러블 컴퓨터가 널리 활용되면 인터넷과 연결된 웨어러블 컴퓨터는 항상 악의적인 해킹에 노출될 수 있다. 그러므로 이를 지키기 위한 보안 대책과 기술을 확보하는 것도 무척 중요하다.

웨어러블 컴퓨터는 향후 헬스케어 분야에서도 큰 활약을 할 것으로 기대되기에 의사들 입장에서는 더욱 관심이 가는 기술이다. 병원에 웨어러블 컴퓨터들이 널리 보급되면 기본적으로 병원에 입원한 환자들에 대해서 간호사들이 혈압과 체온 등을 포함한 기초적인 생체신호를 측정하기 위해 사용하는 시간이 많이 단축될 것이다. 수술방에서도 구글 글래스와 같이 수술방의 상황을 중계하거나, 외부에서 컨설팅을 하는 등의 용도로 이미 다양한 활용성을 보여준 바 있다. 손목 밴드 형태의 피트니스 트래커는 주로 활동량과 수면에 대한 모니터링과 관리를 하고 있지만, 앞으로 새로운 센서기술들이 다양하게 개발된다면 더 많은 데이터를 측정할 수 있을 것이다.

현재 피부의 수분을 측정하거나, 체성분 측정이 가능한 제품들이 시장에 출시가 되고 있으며, 좋은 앱이나 서비스와의 결합을 통해 영양 모니터링과 피부관리 등은 앞으로 큰 시장을 만들어낼 가능성이 있다.

2015년 5월 아퀴바(Arqiva)와 유거브(YouGov)에서 영국 국민들을 대상으로 한 조사결과에 따르면 91%가 혈압이나 심박수, 체중 등과 같은 기본적인 건강 데이터를 수집하고 모니터링할 의향이 있다고 답변을 했다. 이처럼 웨어러블 컴퓨터의 발전과 보급은 앞으로 의료의 패러다임을 바꾸는 데 큰 공헌을 할 가능성이 있기 때문에, 의사들 입장에서는 다른 컴퓨팅 기술보다 조금 더 발전의 양상을 눈여겨 볼 필요가 있다.

[출처] 청년의사, 〈정지훈의 제4의 불 - 융합과 미래〉, 2017. 3. 11. 발췌

 학습평가 Quiz

1. 다음은 컴퓨터의 정의에 대한 설명이다. ( ) 안에 알맞은 말을 채워 넣으시오.

> 흔히 컴퓨터는 (A)를 하기 위해 생겨난 기기이며, 사람을 대신해 엄청난 양의 정보와
> 데이터를 입력하고 계산하며 출력까지 하는 도구이다. 우리는 컴퓨터를 얼마나 '잘' 다
> 루고 있을까? 컴퓨터를 '잘' 다룬다는 의미는 컴퓨터를 '잘' 안다는 의미와 비슷하다. 편
> 리하고 다양한 기능으로 사람들은 많은 것을 할 수 있지만 자칫 '잘못' 사용한다면 오히
> 려 컴퓨터는 조선 시대에 주판과 필기도구 그리고 엽전 등을 넣어 둔 (B)와 같이 단순
> 기능만 하는 도구에 불과할 것이다.

A : (   )   B : (   )

2. 컴퓨터에 대한 설명으로 바른 것을 고르시오

① 컴퓨터는 '하드웨어'로만 구동한다.

② 컴퓨터는 단순히 계산을 하기 위해 개발되었다.

③ 컴퓨터는 CPU, 주기억장치, 입력장치, 출력장치로 구성되어 있다.

④ 현재 시중에서 가장 많이 사용하는 PC(Personal Computer)는 에니악이다.

3. 컴퓨터의 역사는 영국의 존 플레밍(John Ambrose Flemingm, 1849~1945)이 개발한 이것을 시작으
로, 영국의 앨런 튜링(Alan Turing, 1912~1954)이 '튜링 기계'의 개념을 정의한 논문이 발표되면서
근대적인 컴퓨터의 기본 동작 원리가 확립됐다. 이것은 무엇인가?

① 진공관   ② CPU

③ 주판   ④ RAM

4. PC가 잘 구동되는 이유는 바로 이것 때문이다. 각 부품이 서로 이것을 할 수 있도록 약속되어 제작이 이루어지기 때문에 PC가 구동될 수 있는 것이다. 이것은 무엇인가?

① 멀티태스킹　　　　　　　　② 입력
③ 호환　　　　　　　　　　　④ 출력

5. 컴퓨터 하드웨어에 생명력을 불어넣는 이것은 컴퓨터가 느리고 저장 공간이 부족하던 시절 하드웨어의 부속품에 불과했었지만, CPU의 속도가 빨라지고 저장 공간이 확대되면서 이것이 컴퓨터의 가치를 결정하고 있다. 이것은 무엇인가?

(　　　　　　　)

학습내용 요약 Review (오늘의 Key Point)

1. 컴퓨터는 계산을 하기 위해 생겨난 기기이며, 인간을 대신해 엄청난 양의 데이터를 입력받고 계산하며 출력하는 편리한 도구이다.

2. 현대 사회에서 우리는 컴퓨터를 업그레이드한다고 자주 이야기한다. 업그레이드를 위해 그래픽카드나 RAM을 바꾸거나 일부 부품을 사서 교체하는 것을 자연스럽게 생각한다. 이렇게 PC를 업그레이드할 수 있는 이유는 각 부품이 서로 호환할 수 있도록 약속되어 제작이 이루어지기 때문에 PC가 구동될 수 있는 것이다.

3. 하드웨어(Hardware)는 영어의 어원에 의하면 딱딱한 물건으로 우리가 물리적으로 만질 수 있다는 의미이다. 인간이 건강한 몸 없이는 아무리 뛰어난 지능이나 도구들을 제대로 활용할 수 없듯이, 하드웨어(Hardware)는 다양한 소프웨어를 정상적으로 작동시키는 데 기초가 되는 몸체라고 할 수 있다.

   소프트웨어(Software)는 하드웨어의 부속품에 불과했었지만, CPU의 속도가 빨라지고 저장 공간이 확대되면서 소프트웨어가 컴퓨터의 가치를 결정하고 있다. 하드웨어가 아무리 최첨단이라도 좋은 소프트웨어가 들어 있지 않는 컴퓨터는 그 진가를 발휘할 수 없다.

 스스로 적어보는 **오늘 교육의 메모**

인터넷 정보수집

Contents

Learning Objectives

1. 인터넷의 의미와 역사에 대해 설명할 수 있다.
2. 인터넷의 정보검색에 대해 설명할 수 있다.

6
Chapter

INFORMATION
COMPETENCY

추억으로 남은 온라인 문화의 고향, PC통신 하이텔

한국에 WWW(World Wide Web) 기반의 인터넷 서비스가 본격화된 건 1994년의 일이다. 하지만 인터넷을 쓰지 않던 시절에도 PC 네트워크를 이용한 정보 교환 서비스는 있었다. 대표적인 것이 바로 'PC통신'이다. 이는 전화망을 기반으로 접속하는 VT(Virtual Terminal) 서비스로, 게시판이나 메일, 동호회, 자료실 등을 제공하는 등, 오늘날 인터넷(WWW)과 유사한 면이 있다. 다만, 전화 모뎀의 통신속도는 1980년대까지 1,200~9,600bps 정도에 불과했으며, 1990년대에는 최대 56,000bps까지 향상되었지만, 이 정도의 속도로 이미지나 동영상 기반의 서비스를 원활히 제공하는 것은 거의 불가능했다. 그리고 당시의 PC 성능으로 고품질 그래픽 데이터를 처리하는 것도 힘들었기 때문에 PC통신은 거의 텍스트 기반으로 서비스했다.

게시판에 들어가 게시물을 읽으려면 해당 게시물의 번호를 직접 입력해야 하고, 특정 게시물의 제목에 들어간 단어를 검색하려면 'LT 대한민국' 식으로 입력해야 하며, 특정 동호회나 게시판으로 이동하려면 'GO KGA'라고 입력하는 식으로 서비스를 이용해야 했다. 때문에 PC 통신을 이용하려면 각종 명령어를 외우는 것이 필수였다. 그래서 이런 각종 명령어를 자동으로 입력해 주거나 마우스 클릭으로 게시물을 읽게 해주는 등의 편의 기능을 갖춘 '이야기'나 '새롬데이터맨' 등의 PC통신 에뮬레이터 프로그램이 유행하기도 했다.

1988년 출범한 한국 최초의 PC통신

1990년대에 국내에서 인기를 끌던 PC통신 서비스로는 '하이텔(한국통신)', '천리안(데이콤)', '나우누리(나우콤)', '유니텔(삼성SDS)' 등이 대표적이었으며, 후발주자로는 '채널아이(LG인터넷)', 넷츠고(SK텔레콤)' 등이 있었다. 이 중에 가장 먼저 서비스를 시작한 것이 바로 한국통신(현재의 KT)의 하이텔(HiTEL)이다.

하이텔의 전신은 1988년에 시작된 케텔(KETEL)이었다. 케텔은 한국경제신문에서 처음 개발했으며, 뉴스, 게시판, 동호회, 채팅 등의 본격적인 서비스를 제공한 한국 PC통신 서비스의 원조다. 그러나 케텔은 무료 서비스였기 때문에 점차 운영난을 겪게 되었다. 이러한 이유로 케텔은 1991년, 한국통신이 설립한 PC통신 서비스 업체인 '한국PC통신(현 케이티하이텔)'에 인수되어 1992년 3월에는 '코텔(KOTEL)'로 이름이 바뀌었다. 다만, 한국PC통신의 모기업인 한국통신은 한국PC통신이 붙인 코텔이라는 이름을 마음에 들어 하지 않았으며, 기존 케텔 이용자들 역시 '코털'이라는 별명을 붙일 정도로 이 이름에 거부감을 보였다. 이러한 이유로 같은 해 7월, 코텔은 '하이텔(HiTEL)'이라는 새로운 이름을 갖게 되었고 이후부터 계속 이 이름을 쓰게 된다.

[출처] 추억으로 남은 온라인 문화의 고향, PC통신 하이텔, 2018. 6. 22. 발췌

앞서 '한국 최초의 PC통신'을 살펴 보았듯이, 지금의 인터넷이 상용화가 되기 이전에 다양한 인터넷 도입 활동의 노력으로 현재의 인터넷 발전을 이루어왔다. 본 챕터에서는 인터넷의 의미와 역사 그리고 정보검색에 대해 학습해 보고자 한다.

1. 다음은 무엇에 대한 설명인가?

> ○○○은 통신망과 통신망을 연동해 놓은 망의 집합을 의미하는 인터네트워크의 약
> 어이며, 랜(LAN) 등 소규모 통신망을 상호 접속하는 형태에서 점차 발전하여 현재
> 는 전 세계를 망라하는 거대한 통신망의 집합체가 되었다.

① 네트워크   ② 인터넷

③ 컴퓨터   ④ 데이터베이스

2. 인터넷의 특징으로 옳은 것을 고르시오.

① 시간과 공간의 제약이 많으나, 원하는 정보를 실시간으로 제공받을 수 있다.

② 인터넷 연결을 위해 IP 주소를 배정받을 필요가 없다.

③ 전 세계 누구나 정보를 쉽고 빠르게 교환할 수 있는 개방형 구조이다.

④ 인터넷을 사용하려면 중앙통제기구에 허가를 받아야 한다.

3. 다음 중 인터넷에 대한 설명으로 틀린 것은?

① 전 세계 컴퓨터들이 연결되어 있는 컴퓨터 망을 의미한다.

② 클라이언트-서버 기반으로 이루어져 있다.

③ 인터넷의 시초는 미 국방성이 군사적 목적으로 구축한 NSFNet이다.

④ 인터넷 표준 프로토콜은 TCP/IP이다.

1. 인터넷의 의미와 역사

(1) 인터넷의 의미

우리에게 친숙한 용어이며, 일상생활에서의 정보검색, 뉴스, 회사에 업무를 수행함에 있어 없어서는 안 될 필수요소인 인터넷(Internet)을 모르는 사람은 거의 없다. 전 세계 인구수 대비 인터넷 사용자가 90%가 넘으니 말이다. 우리는 인터넷에 대한 사전적 정의보다 얼마나 인터넷을 잘 활용하여 정보와 데이터를 얻을 수 있는가에 힘을 쏟아야 하지만 기본적으로 인터넷이 무엇이냐고 묻는 질문에 답을 할 수 있어야 한다.

[그림 6-1] 인터넷

인터넷이란 전 세계의 컴퓨터들이 하나의 거대한 망으로 연결되어 컴퓨터 간에 정보를 주고받을 수 있도록 구성된 네트워크이다. 처음 개발되었던 컴퓨터의 정보처리는 하나의 컴퓨터에서 이루어져 다양한 정보와 데이터를 얻기 위해서는 많은 부족함이 있었다. 특히, 이러한 이유 때문에 컴퓨터와 컴퓨터를 연결하여 하나의 컴퓨터에서 얻는 정보보다 더 많은 정보를 얻을 수 있도록 네트워크라는 새로운 운영 방식이 도입되었다.

한 예로 은행을 생각해 보자. 은행을 가면 입출금 창구를 볼 수 있고, 그 옆으로는 대출 창구를 볼 수 있다. 그 뒤로는 중간 관리자인 부장이나 차장의 자리가 놓여 있고, 어딘가에는 하나의 방으로 된 부지점장이나 지점장의 자리가 있다. 자리마다 컴퓨터가 놓여 있고, 각자 컴퓨터를 이용하여 업무를 보고 있는 장면을 흔히 볼 수 있다.

컴퓨터가 상용화되기 이전에는 각자 컴퓨터에서 정보를 입력하고 생산하여 프린터기를 이용 출력을 하거나 디스크로 저장하여 다른 사람과 정보와 데이터를 교환하였다. 이렇게 정보를 공유하기엔 불편함이 많았고 네트워크가 발달하면서 컴퓨터에서 컴퓨터로

[그림 6-2] 네트워크

정보와 데이터 교환이 활발히 이루어지기 시작하였다.

하지만 이 네트워크는 한정된 지역 안에서 연결되어 있는 컴퓨터하고만 정보를 교환할 수 있기 때문에 연결되지 않은 먼 지점에 있는 컴퓨터와 정보를 교환하기에는 무리가 있었다. 이 네트워크의 문제점을 해결할 수 있도록 도와준 것이 바로 인터넷이다. 인터넷을 통하면 자신의 컴퓨터를 통해 소말리아나 이란 등 타 국가의 네트워크와도 연결이 가능하여 쉽고 빠르게 정보와 데이터를 교환할 수 있다.

(2) 인터넷의 역사

현재의 생활환경은 과학의 발전과 더불어 인터넷(Internet)을 통해 급격히 달라졌다. 매일 아침 TV나 신문을 보지 않고서는 정치, 경제 등 어제 일어난 일을 알 수 없었지만 이제는 컴퓨터를 통해 불과 1시간 전에 일어난 사건과 사고들을 대한민국을 더 나아가 해외에서도 알 수 있게 되었다. 이러

[그림 6-3] 현대 생활환경

한 인터넷 보급을 통해 우리가 정보를 습득하기 위해 낭비해야 하는 시간이 줄어들었고, 삶의 질이 보다 풍요로워졌다.

현재 사용되고 있는 인터넷처럼 컴퓨터를 통해 통신이 가능해진 것은 1960년대부터 시작된 NASA 프로젝트에 참여한 미국 과학자들이 전쟁이나 재해에 의해 통신이 두절되더라도 빠르게 정보를 교류하기 위해 별도의 통신망 구축 방법에 대한 논의를 시작하면서부터이다. 이때까지만 해도 인터넷이라는 용어는 쓰이지 않았지만 독립적인 네트워크들을 게이트웨이를 통해 연결시킨 것이라는 인터넷의 개념이 최초로 쓰였다.

[그림 6-4] 아르파넷

1960년대 말부터 1970년대 초 미국과 러시아의 냉전 시기에 미국의 국방부 주도로 적군의 침략으로부터 붕괴된 통신 시스템을 어떻게 보호할 것인지에 대한 생각에서부터 시작된 아르파넷(ARPANET)

1970년대에는 텔넷(Telnet) 서비스의 개발과 군사용으로 개발된 밀넷(MILNET)이 급속도로 발전하게 되어 드디어 인터넷 이용이 상용화되는 계기를 만들게 되었다. 사람들의 범위에는 일부 전문가에서 대중으로 확대되었고, 점점 상업화도 동시에 이루어지게 되었다.

1990년대로 들어서면서 인터넷은 본격적으로 상업화되기 시작하였다. 특히 사용자들이 많이 알고 있는 월드와이드웹(WWW)이 개발되면서부터이고, 브라우저의 개발로 사용자가 이용하기 편리하게 되었다.

또한 최근에 인터넷 환경은 단순한 검색과 메일사용을 넘어서 사물과 연결되어 집안의 가전제품, 대중교통수단, 병원CCTV, 신호등, 가로수 등 거의 모든 사물이 부착된 감시센서로 데이터를 자동으로 업데이트하며 인터넷으로 연결되고 있다. 이것은 '사물인터넷'이라 하며 스마트폰으로 자신의 아이가 부엌 오븐기기를 잘못 작동하고 있다는 것을 집안 CCTV와 오븐기기의 센서를 통한 알람을 받고, 집에 빨리 도착하기 위해 현재 도로 교통 상황에 따라 어떤 교통수단을 이용해야 하는지, 또한 집에 아이를 데리고 가야할 병원의 응급실 상황을 스마트폰으로 체크할 수 있게 된다.

이렇게 거의 모든 사물의 정보가 인터넷을 통해 서로 연결되어 정보를 주고 있는 것이다. 이 같은 상황은 미래의 일이 아니라 현재에도 벌어지고 있고 현재의 기술로

[그림 6-5] 사물인터넷

충분히 가능한 일이다. 앞으로의 사물인터넷 시대에는 더 많은 애플리케이션과 부가적인 서비스들이 지속적으로 나타날 것이다.

대표적인 예로 시스코에서 사물인터넷 환경을 연출한 상황을 들어보자. 아침에 주간 미팅이 45분 정도 늦춰졌다. 이 같은 소식은 자동으로 미팅에 참석하는 직원의 침대 옆 알람기기에 전송되어 해당 직원은 잠을 30분 정도 더 잘 수 있게 알람시간을 자동으로 조정해 준다. 소식은 부엌의 커피포트에도 전해져 때맞춰 물을 끓이고, 토스트를 굽는다. 식사를 마친 직원이 집을 나서며 문을 잠그면 집안의 모든 전기기기가 스스로 꺼지고 가스도 차단된다.

구글은 스마트홈 네트워크에 막대한 투자를 하고 있으며, 자동차 시장도 인터넷으로 자동제어 업데이트 기능을 탑재하고 있다. 이같이 사물인터넷의 가능성은 그 끝을 예측하기 어렵다.

 Level up Mission Step

☎ 전 세계 컴퓨터들이 연결되어 있는 하나의 망을 의미하는 인터넷이 '사물인터넷'으로까지 발전되어 우리 생활과 밀접한 관계를 이루고 있다. 앞으로 인터넷은 어디까지 발전할 수 있을지, 또한 어떠한 모습일지 작성해 보자.

사 례

"모든 것이 연결된다"2018년을 지배할 IoT 전망 6가지

사물인터넷(IoT)과 산업 IoT가 2018년을 지배할 것이다. 기업의 IoT 도입이 늘고 제품과 공정, 작업 흐름에 IoT 기술이 빠르게 통합되고 있기 때문이다.

시장조사 업체 가트너에 따르면, 2020년이 되면 거의 200억 대에 가까운 기기가 인터넷에 연결되고 IoT 제품과 서비스 공급업체는 3,000억 달러가 넘는 매출을 올리게 된다. 여러 IT 전문가와 리더에게 2018년에 주목해야 할 IoT 트렌드 6가지를 정리했다. 호튼웍스(Hortonworks)의 CTO 스캇 나우(Scott Gnau)는 2018년이 소비자 IoT의 원년이 될 것으로 본다. 소비자 IoT의 규모는 산업 IoT보다 10배 이상 크다.

산업 인터넷 공간도 기회의 땅이다. 그는 "상호 연결된 기기와 네트워크가 실시간 분석과 피드백 등을 활용할 수 있게 될 것이다. 이처럼 IoT가 확산하면 우리의 생활과 업무 방식은 물론 사람 사이의 소통과 다른 기기와의 소통 방식도 큰 영향을 받는다. 가령 당뇨병 환자라면 혈당 측정 장치를 휴대폰에 연결해 혈당 수치를 주치의에게 전송하고 온라인 포털에 기록할 수 있다. 개인의 건강과 이에 영향을 주는 요소를 더 효과적으로 관리할 수 있다."라고 말했다. 히타치 반타라(Hitachi Vantara)의 IoT 제품 및 설계 담당 수석 부사장 리치 로저스는 산업 분야, 특히 공장에서의 IoT 응용 가능성에 주목한다.

그는 "2018년은 IoT 기술 덕분에 공장이 더 빠른 속도로 소프트웨어 중심 공장으로 변신하는 한 해가 될 것이다. OEM은 인터넷에 연결된 이른바 스마트 컨베이어 벨트, 공기 압축기, 절삭기 등을 제공할 것이다. 또한 IoT 기술 덕분에 자동화, 오케스트레이션(orchestration), 데브옵스(DevOps) 방식의 운영이 가능해진다. 모바일 모니터링과 공장 관리가 점점 더 대규모로 이뤄진다. 각 시설에 설치된 IoT 센서에서 얻은 데이터 통찰력을 활용해 더 합리적인 업무 의사결정을 내릴 수 있다."라고 말했다. 기업정보 관리 전문업체 오픈텍스트(OpenText)의 CEO 겸 CTO 마크 제이 바레네치아는 의료, 자율 주행 차량, 기업 부문에서 IoT 활용에 주목한다.

그는 "IoT로 연결된 생명공학의 발전 덕택에 의료 수준이 한 단계 높아질 것이다. 24시간 모니터링과 표적 치료는 물론 자동 투약까지 가능하다. IoT 그리드에 모든 것이 연결된 스마트 도시에서는 자율 주행 차량을 통해 사람의 실수로 인한 교통 사고가 줄어 연간 100만 명이 목숨을 구한다. 지능형 기업에서는 광역 공급망에 처음부터 끝까지 IoT가 연결되므로 전면적 가시성, 사전 대비적 보급, 예측적 유지보수가 실현된다. IoT 덕분에 데이터를 기반으로 한 의사결정이 전 업계와 일상생활에서 표준으로 자리잡게 될 것이다."라고 말했다.

[출처] CIO, 〈"모든 것이 연결된다" 2018년을 지배할 IoT 전망 6가지〉, 2018. 1. 17. 발췌

2. 인터넷 정보검색

[그림 6-6] 인터넷 정보검색

(1) 정보검색 단계

검색 주제에 대한 사전 지식 확보가 정보 검색에 많은 시간을 절약할 수 있다. 정보 검색에 앞서 다음과 같이 늘 한 번쯤 생각해 보는 습관이 필요하다.

첫째, 뉴스 정보인가?

둘째, 인터넷 정보원을 활용해야 하는가?

셋째, 논문자료에서 찾을 수 있지 않을까?

넷째, 해당 주제와 관련있는 학회나 관공서 사이트에서 찾을 수 있지는 않을까?

즉, 찾고자 하는 정보가 존재할 수 있는 위치(knowwhere)에 대하여 많은 관심과 사전 지식이 필요하다. 일반적인 정보검색 단계는 다음과 같다.

① 검색주제 선정 → ② 정보원 선택 → ③ 검색식 작성 → ④ 결과 출력

(2) 인터넷 정보검색 방식 및 주의사항

① 키워드 검색 방식

키워드 검색 방식은 찾고자 하는 정보와 관련된 핵심적인 언어인 키워드를 직접 입력하여 이를 검색 엔진에 보내어 검색 엔진이 키워드와 관련된 정보를 찾는 방식이다. 사용자 입장에서는 키워드만을 입력하여 정보 검색을 간단히 할 수 있는 장점이 있는 반면에, 키워드가 불명확하게 입력된 경우에는 검색 결과가 너무 많아 효율적인 검색이 어려울 수 있는 단점이 있다.

② 주제별 검색 방식

주제별 검색 방식은 인터넷상에 존재하는 웹 문서들을 주제별, 계층별로 정리하여 데

이터베이스를 구축한 후 이용하는 방식이다. 사용자는 단지 자신이 원하는 정보를 찾을 때까지 상위의 주제부터 하위의 주제까지 분류되어 있는 내용을 선택하여 검색하면 원하는 정보를 발견하게 된다.

③ 자연어 검색 방식

자연어 검색 방식은 검색엔진에서 문장 형태의 질의어를 형태소 분석을 거쳐 언제(when), 어디서(where), 누가(who), 무엇을(what), 왜(why), 어떻게(how), 얼마나(How much)에 해당하는 5W 2H를 읽어내고 분석하여 각 질문에 답이 들어있는 사이트를 연결해 주는 검색 엔진이다.

④ 통합형 검색 방식

통합형 검색 방식의 검색은 키워드 검색 방식과 매우 유사하다. 그러나 통합형 검색 방식은 키워드 검색 방식과 같이 검색 엔진 자신만의 데이터베이스를 구축하여 관리하는 방식이 아니라, 사용자가 입력하는 검색어들이 연계된 다른 검색 엔진에게 보내고, 이를 통하여 얻어진 검색 결과를 사용자에게 보여주는 방식을 사용한다.

위 내용을 통해 우리는 다양한 인터넷 정보검색 방식을 알아보았다. 하지만 가장 중요한 것은 인터넷을 검색할 때 주의사항들이다.

인터넷상에는 다양하고 많은 정보가 존재하고 있다. 이 중에는 우리가 원하는 정보도 있지만 그렇지 않은 정보가 대부분이라고 할 수 있다. 이런 정보의 홍수 속에서 우리가 원하는 정보를 빠르게 찾아서 이용하려면 몇 가지 검색 테크닉이 필요하다.

첫 번째로 인터넷 검색 시 검색 엔진을 사용하게 되는데, 검색 엔진을 사용할 경우 각각의 검색 엔진에서 사용할 수 있는 기능들에 대한 도움말을 사전에 반드시 읽어서 검색 엔진의 특징을 알아두어야 한다.

두 번째로 일반적인 검색 이외에 특정한 데이터(논문, 특허 등)는 나름대로의 검색 방법이 따로 존재하므로 적절한 검색 엔진의 선택이 중요하다. 한 검색 엔진을 이용하여 원하는 검색 결과가 나오지 않았을 경우에는 다른 검색 엔진을 이용하여 검색한다.

세 번째로 검색 엔진마다 검색 연산자가 약간씩 다르므로 이를 정확히 숙지한 후 키워드와 검색 연산자를 조합하여 작성한 검색식을 정보 검색에 이용한다.

네 번째로 키워드의 선택이 중요하다. 키워드는 구체적이고 자세하게 만드는 것이 좋은 방법이다. 또, 특정한 키워드에 대하여 검색 결과가 너무 많이 나오는 경우에는 검색 엔진에서 결과 내 재검색 기능을 지원하도록 하면 이를 활용하여 검색 결과의 범위를 좁힐 수 있으므로 검색 시간을 단축할 수 있다.

다섯 번째로 검색 속도가 매우 느린 경우에는 웹 브라우저에서 그림 파일을 보이지 않도록 선택하면 보다 빠르게 검색할 수 있다.

여섯 번째로 웹 검색 결과로 검색 엔진이 제시하는 결과물의 가중치를 너무 신뢰해서는 안 된다. 검색 엔진 나름대로 정확성이 높다고 판단되는 데이터를 화면의 상단에 표시하지만 실제 그렇지 않은 경우가 많이 발생하므로 사용자 자신이 직접 보면서 검색한 자료가 자신이 원하는 자료인지 판단해야 한다.

일곱 번째로 웹 검색이 정보 검색의 최선은 '아니다'라는 사실에 주의한다. 웹 검색 이외에도 각종 BBS, 뉴스 그룹, 메일링 리스트도 이용하고, 도서관 자료와 정보를 가지고 있는 사람에게 직접 전자우편으로 부탁하는 등의 다른 방법들도 적극 활용하여야 한다.

이와 같이 우리는 인터넷 정보검색 시 위 사항들을 생각하여 활용하면 많은 도움이 될 것이다.

 Level up Mission Step

키워드 검색 방식과 주제별 검색 방식의 장점에 대해서 적어보도록 하자.

사 례

인터넷 검색 잘하는 방법

"접속사 등은 빼고 두세 단어의 정확한 키워드로 검색하라."

드넓은 정보의 바다를 유영하는 네티즌이라면 누구나 손쉽고 정확한 검색을 원한다. 요즘은 '원샷 원킬'(One Shot, One kill)의 시대. 단방에 바라는 걸 얻는 게 가장 좋다. 하지만 초보적인 검색 기술로는 재수가 좋아야 원하는 정보를 찾지, 대부분은 쓸데없는 정보들 때문에 시간을 낭비하기 십상이다.

정보 검색을 더 잘할 수 있는 방법은 없을까. 네이버(NHN) 한성희 팀장은 "네이버 기술팀에도 특별한 검색기술이 따로 있는 건 아니다."라며 "접속사 등은 빼고 두세 단어의 정확한 키워드(key word) 검색으로 찾는 것이 가장 효율적"이라고 조언했다. 명확하고 두드러진 검색법은 없기 때문에 인터넷에서 검색하는 기술은 사람마다 천차만별이고 분야마다 다를 수 있다. 보다 효율적인 검색의 팁(Tip)을 얻기 위해 지역에서 검색을 잘 한다는 3인을 통해 검색의 기술을 들여다봤다.

"여러 검색 엔진과 필터링 활용"

김학진(25 · 계명대 컴퓨터공학과 4년)씨는 검색 엔진이라는 별명을 얻을 정도로 숨겨진 정보들을 캐내는 데 일가견이 있다. 한 예로 교수의 고장난 노트북을 고치는 데 필요한 단종된 부품을 검색 엔진을 통해 찾아내는 데 성공했다.

김씨의 노하우는 검색을 할 때 하나의 사이트에서 검색하는 것이 아니라 구글, 네이버, 다음, 네이트 등 여러 검색 사이트를 동시에 띄워놓고 찾아낸 정보들을 서로 비교하며 자신이 원하는 정보에 가장 가까운 검색창만 골라내 핵심 정보를 추려내는 것. 그는 또 검색할 때 핵심 단어 추출과 검색 사이트마다 있는 고급기능(필터링)을 적극 활용해 원하는 자료를 손쉽고 빠르게 검색할 수 있다고 귀띔했다. 전문지식의 경우 1백여개 이상의 카페나 블로그에서 정보를 얻는다고 했다. 이런 정보들은 모두 김씨가 평소에 관심이 많았던 카페에 가입해 꾸준히 커뮤니케이션 활동을 하고 있기에 가능한 일이다.

현재 계명대 전산원 헬프데스크(교내 각종 컴퓨터 관련 애로사항 해결을 도와주는 일)로 활약하고 있는 김씨는 검색 사이트에 질문이 올라오면 답글을 달아주는 활동(네이버 '지식인')으로도 사이트 내에서 유명하다.

[출처] 〈인터넷 검색 잘하는 방법〉, 2018. 6. 26. 발췌

학습평가 Quiz

1. 정보를 검색할 때의 주의사항으로 옳은 것은?

   ① 주제별로 정보를 검색하면 시간이 오래 걸려 모든 내용으로 검색한다.

   ② 1개의 검색 엔진으로만 활용한다.

   ③ 웹 검색 이외에도 각종 BBS, 뉴스 그룹, 메일링 리스트도 이용한다.

   ④ 키워드는 최대한 짧게 사용한다.

2. 키워드 검색 방식과 주제별 검색 방식의 장점을 1가지씩 적으시오.

   [키워드 검색 방식]

   [주제별 검색 방식]

3. 검색 엔진의 유형이 아닌 것은?

   ① 키워드 검색 방식   ② 주제별 검색 방식

   ③ 생활형 검색 방식   ④ 통합형 검색 방식

4. ( ) 안에 알맞은 말을 채워 넣으시오.

> ( ) 방식은 검색 엔진에서 문장 형태의 질의어를 형태소 분석을 거쳐 언제(when), 어디서(where), 누가(who), 무엇을(what), 왜(why), 어떻게(how), 얼마나(How much)에 해당하는 5W 2H를 읽어내고 분석하여 각 질문에 답이 들어있는 사이트를 연결해 주는 검색 엔진이다.

5. 다음 중 키워드 검색 방식으로 옳은 것을 고르시오.

① 핵심적인 언어인 키워드를 직접 입력한다.

② 질의어 형태로 입력한다.

③ 검색 속도가 느린 경우 재부팅한다.

④ 키워드를 길게 사용한다.

학습내용 요약 Review (오늘의 Key Point)

1. 사회초년생 또는 취업준비생으로서 앞으로 업무를 효과적으로 수행하기 위해서는 문제해결을 위해 필요한 정보를 찾는 일이 매우 중요하다. 인터넷을 활용하여 업무에 필요한 정보를 찾기 위해서는 몇 가지의 기본적인 지식들이 필요하다. 다양한 인터넷 검색 엔진의 특징을 파악하여 효과적으로 활용할 수 있어야 할 것이다.

2. 업무 활용 시 검색 주제에 대한 사전 지식 확보가 정보검색에 많은 시간을 절약할 수 있으며, 또한 업무 능률을 높일 수 있다. 정보검색에 앞서 다음과 같이 늘 한 번쯤 생각해 보는 습관이 필요하다.

   ① 검색주제 선정 → ② 정보원 선택 → ③ 검색식 작성 → ④ 결과 출력

3. 인터넷 정보검색 방식으로 키워드 검색 방식, 주제별 검색 방식, 자연어 검색 방식, 통합형 검색 방식이 있으며, 해당 내용을 통해 우리는 인터넷 정보검색의 특징을 파악하여 업무에 활용할 수 있어야 한다.

 스스로 적어보는 오늘 교육의 메모

업무에 필요한
소프트웨어 활용

Contents

Learning Objectives

1. 소프트웨어의 종류에 대해 설명할 수 있다.
2. 데이터베이스(DB)에 대해 설명할 수 있다.

7
Chapter

INFORMATION
COMPETENCY

'모비스 소프트웨어 아카데미' 구축,
자율주행 특화한 융합 교육 프로그램 운영

현대모비스가 자율주행·커넥티비티 등 미래차 시대를 견인할 '소프트웨어' 전문 △교육 제도 신설 △설계 인력 확충 △글로벌 거점(인도연구소·베트남 분소) 업무 확대 등 3박자를 통해 하드웨어에서 소프트웨어 중심으로 연구개발 역량을 강화한다. 현대모비스는 경기도 용인시 기술연구소에 총 14억원을 들여 400여명의 연구원들이 소프트웨어 직무 교육을 동시에 이수할 수 있는 '모비스 소프트웨어 아카데미'를 구축했다고 지난 10일 밝혔다.

자동차 부품 회사가 IT기업에 버금가는 대규모 소프트웨어 전문 인력 양성 프로그램을 운영하는 것은 국내외를 통틀어도 매우 드물다. 자율주행과 커넥티비티 시대가 도래하면서 소프트웨어의 비중이 크게 높아지자 현대모비스는 이에 효과적으로 대응하기 위해 소프트웨어 아카데미를 선제적으로 구축한 것이다. 글로벌 컨설팅 기관인 맥킨지 앤드 컴퍼니에 따르면 오는 2030년 자동차 한 대에 소프트웨어가 차지하는 비중은 현재 10%에서 30% 수준으로 확대될 전망이다. 이에 따라 탑승객의 안전과 밀접한 관련이 있는 보안성·신뢰성 확보가 더욱 중요해지고 있다. 자율주행 시대에는 자동차로 운전 주도권이 넘어가며 외부 해킹으로부터 차를 안전하게 보호해야 하는 것은 물론, 온습도와 충격 등 극한 환경에서도 한결 같은 소프트웨어 성능이 보장돼야 한다. 현대모비스를 비롯한 자동차·IT 기업들이 소프트웨어 부문에 대규모 투자를 실시하는 것도 이 때문이다. 모비스 소프트웨어 아카데미의 가장 큰 특징은 센서와 로직(인지·판단·제어) 등 자율주행에 특화된 융합 소프트웨어 과정을 중점적으로 다루는 것이다. 빅데이터 활용, 영상인식, 센서제어를 비롯해 통신기술 과정이 포함된다. 현대모비스 연구원들은 코딩이나 알고리즘 설계뿐만 아니라 자율주행차가 작동하는 원리를 비롯한 기계구조학도 학습하게 된다. 일반 IT 기업에서 수행할 수 없는 현대모비스만의 독창적인 교육 과정으로, 현대모비스는 그동안 축적한 하드웨어 설계 역량과 소프트웨어 기술의 시너지를 기대하고 있다. 현대모비스는 소프트웨어 관련 연구개발 인력도 대폭 충원한다. 현재 800여명 수준인 국내 기술연구소의 소프트웨어 설계 인원을 오는 2025년까지 약 4,000명으로 5배 이상 확충할 방침이다. 또한, 소프트웨어 아카데미를 통해 전

연구원들이 스스로 프로젝트를 주도할 수 있는 고급 소프트웨어 설계 인력으로 육성한다. 국내 연구소의 소프트웨어 인력 확충 및 육성과 더불어 현대모비스는 인도연구소와 베트남 분소를 소프트웨어 전문 글로벌 연구 거점으로 확대·운영한다. 인도연구소가 위치한 하이데라바드와 베트남 호치민은 전문 교육을 받은 IT와 소프트웨어 관련 우수 인재들이 풍부한 곳으로, 한국 기업에 대한 인식도 좋아 인재 확보가 용이하다.

올해로 설립 11년째인 인도연구소는 멀티미디어 제품 소프트웨어 설계 업무에서 자율주행 소프트웨어 개발로 연구 범위를 확대하고 있다. 현대모비스의 글로벌 자율주행 테스트 차량인 엠빌리가 확보한 데이터를 분석하는 것은 물론, 인도 현지의 도로 환경을 반영한 자율주행 시뮬레이션 프로그램을 올해 내에 개발할 예정이다. 현대모비스는 지난해 말 베트남 호치민에 현지 업체와 합작으로 자율주행 데이터 분석센터를 개소했다. 베트남 분소는 엠빌리가 실제 도로를 누비며 촬영한 데이터를 자동차·보행자·시설물 등으로 분류한다. 현지 정부가 '소프트웨어 특구'를 조성할 만큼 연구 여건도 훌륭하다.

최근 북미에서 자율주행 차량 사고가 잇따라 발생하며 자율주행의 안전성 확보는 무엇보다 중요한 과제로 떠오르고 있다. 자율주행차의 센서가 인지한 데이터를 정확히 분류하고 분석해야만 차량 제어를 위한 판단이 가능하기 때문에, 인도연구소와 베트남 분소의 역할과 중요성도 더욱 커지고 있다. 현대모비스는 내년 말까지 엠빌리 20대를 전 세계에서 운영하며, 글로벌 환경에서 다양한 실제 도로 운행 데이터를 확보할 계획이다.

한편, 현대모비스는 최근 독일 콘티넨탈에서 소프트웨어 플랫폼 개발과 사이버보안센터를 총괄한 칼스텐 바이스 박사를 상무로 영입했다. 현대모비스가 소프트웨어 부문 경쟁력 강화를 위해 임원급으로 글로벌 인재를 영입한 첫 사례다. 현대모비스는 바이스 상무가 자율주행과 커넥티비티 시대에 맞는 글로벌 톱 수준의 소프트웨어 역량을 확보하는 데 크게 기여할 것으로 기대하고 있다.

[출처] [보안뉴스 – 현대모비스, 소프트웨어 중심 회사로 거듭난다.], 2018. 6. 12. 발췌

위 본문과 같이 최근 소프트웨어(SW) 시장의 향후 전망은 소프트웨어(SW)가 국가의 미래라고 말한다. 다가올 사물인터넷 시대에는 모든 물건이 통신으로 연결되며, 구동이 SW를 통해 이루어진다. 본 챕터에서는 소프트웨어의 종류와 더 나아가 데이터베이스에 대해 학습해 보고자 한다.

1. 다음은 무엇에 대한 설명인가?

> ○○○○○는 컴퓨터 시스템을 효율적으로 운영하기 위해 개발된 프로그램의 총칭.
> 컴퓨터를 관리하는 시스템 소프트웨어와 문제해결에 이용되는 다양한 형태의 응용
> 소프트웨어가 있다.

① 인터넷　　　　　　　　　　② 하드웨어
③ 소프트웨어　　　　　　　　④ 로그(LOG)

2. 다음 중 소프트웨어의 종류로 옳지 않은 것을 고르시오.

① 워드프로세서
② 램카드
③ 유틸리티 프로그램
④ 프레젠테이션

3. 다음 중 워드프로세서에 대한 설명으로 옳은 것은?

① 워드프로세서를 이용하여 글을 쓰거나 문서를 작성할 수 있다.
② 워드프로세서로 글이나 그림은 입력하지 못한다.
③ 워드프로세서는 인쇄기능이 지원되지 않는다.
④ 워드프로세서는 전자 계산표 또는 표 계산 프로그램이다.

1. 다양한 소프트웨어의 종류

(1) 워드프로세서

일상생활에서 신문이나 잡지, 칼럼 등은 여러 형태의 그림과 문자, 표, 그래프 등이 조화롭게 구성되어 만들어진 것이다. 이와 같이 다양한 형태의 문서를 작성하고 편집, 저장, 인쇄할 수 있는 프로그램을 바로 워드프로세서라고 한다.

워드프로세서를 이용하여 글을 작성하거나 문서를 작성하게 되면, 키보드로 입력한 문서의 내용을 실시간으로 확인하면서 쉽게 내용을 고칠 수 있고, 문서가 완벽하게 작성된 후에 인쇄하거나 CD 또는 USB와 같은 보조기억장치에 보관하여 두었다가 필요할 때 다시 불러내어 사용할 수 있어 편리하다. 워드프로세서는 문서작성이나 기호, 그림들을 입력하여 편집하고, 작업한 문서를 저장하고 인쇄할 수 있다. 워드프로세서의 주요 기능은 다음과 같다.

[그림 7-1] 워드프로세서

입력기능	키보드나 마우스를 통하여 한글, 영문, 한자 등 각국의 언어, 숫자, 특수문자, 그림, 사진, 도형 등을 입력할 수 있는 기능
표시기능	입력한 내용을 표시장치를 통해 화면에 나타내주는 기능
저장기능	입력된 내용을 저장하여 필요할 때 사용할 수 있는 기능
편집기능	문서의 내용이나 형태 등을 변경해 새롭게 문서를 꾸미는 기능
인쇄기능	작성된 문서를 프린터로 출력하는 기능

(2) 스프레드시트

스프레드시트(Spread Sheet)는 전자 계산표 또는 표 계산 프로그램으로 워드프로세서와 같이 글을 작성하고 편집하는 기능 이외에 공식 등을 입력하거나 그 값을 계산해 내고, 계산 결과를 차트로 표현할 수 있는 기능을 가지고 있다. 원래 미국에서 회계, 경리 업무상 사용하던 일정한 형태의 계산용지를 일컫는 말로 이것을 화면 그대로 옮겨 계산식 등을 첨가한 것이 스프레드시트의 시작이었으며, 틀린 부분만 수정해 주면 해당 부분이 자동적으로 계산되어 큰 환영을 받았다.

최초의 스프레드시트는 몇 개의 셀만을 이용해서 단순 계산만 할 수 있는 프로그램이었으나, 오늘날의 스프레드시트는 작업 능력의 향상과 함께 데이터베이스 및 그래픽 기능이 추가되고 다양한 함수를 제공해주며 통신 기능까지 갖추게 되었다.

스프레드시트의 구성단위는 셀, 열, 행, 영역 등 4가지이다. 가로행과 세로행이 교차하면서 셀이라는 공간이 구성되는데, 이 셀은 정보를 저장하는 단위이다. 예를 들면, 생산비나 판매물품 수 같은 것이 셀에 표시하게 되어 있다. 처리하고자 하는 데이터와 숫자를 셀에 기입하고 이 셀들을 방정식에 연결하면 셀 내용이 바뀌면서 그와 연결된 셀 내용들이 바뀌게 된다.

스프레드시트 기술은 빠르게 발전하여 파일 간을 서로 연결시켜 내용의 복사, 이동, 연산을 할 수 있으며 메모리가 허용하는 한도의 파일을 동시에 불러들여 한꺼번에 볼 수도 있다. 또한 2, 3차원 그래프 등 다양한 형태의 그래프를 작성할 수 있다. 스프레드시트의 대표적 제품으로는 우리가 흔히 알고 있는 엑셀을 들 수 있다.

(3) 프레젠테이션

프레젠테이션(Presentation)은 우리가 일상생활에서 많이 접하는 컴퓨터나 기타 멀티미디어를 이용하여 그 속에 담겨 있는 각종 정보를 사용자 또는 대상자에게 전달하는 행위를 의미한다. 프레젠테이션 프로그램은 회사 내의 회의, 교육, 보고 등에서 정보를 전달하는 데 흔히 활용되는 것으로 파워포인트, 프리랜스 그래픽스 등이 있다.

 ## 2. 데이터베이스(DB)

(1) 데이터베이스란?

데이터베이스란 하나의 조직 내에서 관련있는 데이터들의 집합체를 의미한다. 데이터 베이스를 구축하면 데이터 중복을 피할 수 있는게 가장 큰 장점이며, 효율적으로 데이터를 통합 및 관리할 수 있어 특히 업무에 큰 도움이 된다. 우리 생활은 시스템이 제공하는 환경에 둘러싸여 돌아가고 있다. 하지만 아무리 생각해 봐도 데이터베이스의 실체는 받아들이기 어려운 점이 있다.

[그림 7-2] 데이터베이스 이미지화

눈에 보이지 않아 우리가 인식하지 못하기 때문이다. 생활 속 데이터베이스의 실체를 확인할 수 있는 예를 들어 보면 몇 달 전에 타이어를 교체했던 타이어 전문점에서 "고객님, 모든 타이어를 교체할 시기가 되었습니다."라는 안내 문자가 자동으로 발송되기도 하고, 스마트폰으로 하나의 앱을 다운받았을 뿐인데 입력된 내 정보로 인해 결혼기념일, 생

일 등 각종 기념일과 행사일에 맞춰 안내 메일이나 축하 메시지가 자동으로 발송되는 경험을 해 보았을 것이다.

[그림 7-3] 타이어 전문점

[그림 7-4] 빅데이터

　최근 빅데이터라는 키워드가 많은 관심을 받으며 더불어 데이터베이스에 대한 관심 또한 동반 상승하고 있다. 방대한 자료의 효율적 보관 및 이용에 특화된 데이터베이스의 존재감 또한 상승할 수밖에 없을 것이다.

(2) 조선왕조실록도 데이터베이스였다.

　데이터는 정보를 생성하는 데 기초가 되는 자료이다. 이 자료가 논리적으로 구조화되어 저장되어 있는 집합을 데이터베이스라고 한다. 예를 들면, 학교 내에서 교직원들과 학생들의 주소와 전화번호, 생년월일을 기록한 자료는 데이터이고 이 데이터를 시·도·군별, 한글 자음 모음의 순서로 찾기 쉽게 잘 정리해놓은 '전화번호부'는 일종의 데이터베이스라고 볼 수 있다.

　조선왕조 시조인 태조부터 철종까지 472년에 걸친 조선의 역사가 담긴 조선왕조실록이 세계문화유산으로 등재되었을 정도로 전 세계에서 인정받는 이유는 무엇일까? 우리나라와 가까운 중국과 일본도 실록이 존재한다. 하지만 중국의 경우 황제가 열람을 했던 황제 중심의 역사기록이며, 일본은 실록 제작 시스템이 제대로 갖춰지지 않았고 중요한

역사적 사건들 또한 빠져 있다. 이에 반해 조선왕조실록은 사관의 기록정신을 바탕으로 편찬돼 임금도 볼 수 없다는 원칙하에 기록됐다.

[그림 7-5] 조선왕조실록

우리나라를 넘어 인류역사상 단일왕조 역사서로서 가장 규모가 큰 기록 데이터베이스인 것이다. 조선왕조실록은 조선시대의 정치, 외교, 군사, 제도, 법률, 경제, 산업, 교통, 통신, 사회, 풍속, 미술, 공예, 종교 등 다방면의 역사적 사실이 기술된 세계적으로 유례가 없는 정보시스템이다. 국왕과 신하들의 인물정보, 천문관측자료, 천재지변 기록, 전령과 전례자료, 통계자료, 민간 동향 등 많은 종류의 내용들이 매우 일정한 편찬 체제와 양식으로 기술되었다. 연대순으로 데이터가 잘 조직화되어 있어 필요한 정보를 찾고 열람하기에 매우 편리한 구조를 가지고 있다.

현대 사회의 데이터베이스도 정보를 필요할 때에 잘 찾을 수 있게 정리하여 구조화시켜 두는 것과 그 목적이 같다는 면에서 조선왕조실록은 매우 훌륭한 데이터베이스라고 볼 수 있다. 특히, 조선왕조실록은 서울의 춘추관뿐만 아니라 경북 봉화의 태백산, 강화도의 마니산, 평안도 영변의 묘향산, 그리고 강원도 평창의 오대산에 만일의 사태에 대비하여 복사본을 각각 1부씩 보관하였는데, 데이터베이스의 백업과도 같은 기법이라고 할 수 있다.

(3) 그렇다면 데이터베이스를 사용하는 이유가 무엇일까?

업무 시 또는 공부를 할 때 기존에 자료를 정리해 두거나 필기해 놓았던 곳의 위치를 가끔 잊어버리거나 분실하면 다시 찾는 과정에 많은 시간을 허비하게 된다. 다시 찾는 과정에서 많은 시간을 허비하게 되며 업무의 효율성을 가장 중요하게 생각하는 기업의 경우에는 더욱 치명적일 수밖에 없다.

이때에 도움이 되는 것이 데이터베이스이다. 단순히 데이터의 저장을 위한 것이 아니라, 데이터가 필요할 때 다시 쉽게 찾을 수 있도록 저장 및 정리하는 것이 중요하다. 향후에 찾을 수 없는 데이터는 저장소의 공간만 차지하고, 찾는 데 소모되는 비용이 더 큰 쓰레기더미일 뿐이기 때문이다.

[그림 7-6] 병원 캐비닛

지금의 데이터베이스가 있기 이전에는 병원과 같은 조직에서 서류 캐비닛에 환자의 신상기록, 치료기록, 처방기록, 직원기록, 병원물품 공급자 기록, 병원비 수납기록 등에 대한 정보를 종이문서의 형태로 보관하고 있었다. 종이문서에서 데이터를 찾아내어 정보의 형태로 요약하여, 주로 어떤 환자들이 어떤 병으로 내원하여 주로 어떤 약 처방을 받는지에 등에 대한 정보를 일일이 수작업으로 자료를 입력하고 대조해야 하는 번거로움이 존재하였다.

이러한 종이문서 형태의 데이터베이스는 병원의 입장에서는 캐비닛을 위한 공간과 종이의 낭비는 물론이고, 정보를 기반으로 해야 하는 운영에도 도움이 되지 못한다. 무엇보다 이러한 종이문서 데이터베이스는 종종 부정확한 데이터를 포함하기도 하며, 직원의 실수로 엉뚱한 위치에 들어가면 찾는 것 자체가 불가능할 수 있다.

컴퓨터가 등장하면서 철제 서류함이 아니라 폴더별로 파일을 저장하여 보관하는 방식이 등장하였다. 지금도 개별로 외장하드 또는 USB에 많은 파일들을 가지고 있다. 이처럼 데이터를 보존하는 것에 불과하지만 효율적으로 보관해서 이용하기가 쉽고 보안성과 효율성을 높일 수 있다.

[그림 7-7] 일상생활 속 USB

 Level up Mission Step

 일상생활에서 알게 모르게 많은 데이터베이스를 이용하고 있을 것이다. 회사에서 업무를 할 때 필요한 자료를 찾을 수도 있고, 혹은 서점에 가서 읽고 싶은 책을 찾을 때도 이용할 수 있을 것이다. 일상생활에서 여러분이 이용하고 있는 데이터베이스의 종류를 말해보자.

사례

왜 지금 '소프트웨어'인가

올해부터 중학교에, 내년부터는 초등학교에 소프트웨어 교육이 의무적으로 실시된다. 지난 2014년 7월 발표된 소프트웨어 중심 사회 실현 전략에 포함된 초·중등 소프트웨어 교육 강화 정책이 구체적으로 이행되는 것이다. 교육시간 추가 확대와 잘 가르칠 수 있는 교사 추가 확보라는 과제를 안고 있기는 하지만 좋은 출발로 보인다. 지난해 신정부 출범 후 정부는 SW 경쟁력 강화를 통한 4차 산업혁명 선도기반 구축, 세계에서 SW를 가장 잘하는 나라, SW 기업 하기 좋은 나라를 만들겠다는 정책목표를 세웠다. 이를 위해 SW 교육혁신, SW 산업혁신, 융합 신시장 창출, SW 기술혁신 전략을 마련하고 우리의 SW 역량을 획기적으로 강화하기 위한 법체계 개편도 추진 중이다.

왜 지금 SW 산업을 다시 강조해야 하는가. 돌이켜보면 우리는 서비스 산업 중 큰 비중을 차지하고 있는 SW 산업의 중요성과 시급성에 대해 간과해 온 측면이 있었다. 2000년대 초까지만 해도 우리는 눈에 보이지 않는 것의 가치를 잘 인정하지 않아서 정품 소프트웨어를 구매해서 쓰기보다는 복사해 쓰는 경향이 있었고, 컴퓨터 구입 시 소프트웨어는 자동적으로 따라오는 부속품정도로 여겨서 지식재산권을 중시하는 미국과 통상마찰을 일으키기도 했다. 그러나 이제 우리는

전통산업인 제조업을 넘어 서비스산업, 융합신산업을 키워야만 진정한 선진국이 될 수 있다는 데에 공감대를 형성하고 있다.

서비스 산업을 육성하기 위해서는 일상생활 속에서도 고쳐야 할 게 있다. 예를 들어, 식당에 가면 음식을 덤으로 주면서 "이건 서비스입니다."라고 하는 경우가 있는데, 이는 무의식적으로 서비스는 공짜라는 인식을 심어주는 행동이다. 따라서 서비스 산업 육성을 위해서는 서비스는 공짜가 아니며 정당한 가치를 지불해야 한다는 국민적 인식을 전면적으로 확산해야 한다고 생각한다.

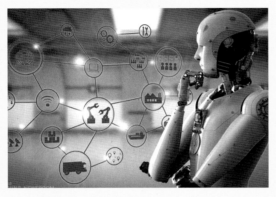

이런 상황에서 우리에게 SW 산업 진흥에 결정적 계기를 마련해준 사건이 있었다. 2016년 3월 인공지능(AI) 기술을 적용한 구글 알파고의 딥마인드와 이세돌 9단의 바둑대결이 서울 광화문 한복판에서 벌어졌다. 다섯 판의 바둑 대결이 이루어진 열흘간 주요 언론매체는 바둑 대결을 연일 톱뉴스로 다뤄주었다. 이 이벤트는 구글에 1,000억원 이상의 홍보효과가 있었고 시가총액도 50조 이상 늘어났다는 애기가 있었다. 다시 돌아보면 이 이벤트는 우리 국민들에게도 AI 기술, 이 기술의 근간이 되는 소프트웨어의 중요성을 일깨워주는 역사적인 사건이었다. 이 사건을 통해 우리 학부모들이 "아! 이제 우리 아이들이 소프트웨어 공부를 제대로 안하면 앞으로 4차 산업혁명으로 전개될 지능정보사회를 살아가기 어렵겠구나."라고 절실히 느꼈다고 한다.

4차 산업혁명을 이끌어가는 것은 AI, 사물인터넷(IoT), 클라우드컴퓨팅, 빅데이터, 모바일 기술이며, 이의 근간이 소프트웨어이기 때문이다.

이제 소프트웨어는 그 자체로도 중요하지만 산업과 산업 간 융합과 신산업을 창출하는 매개체로서도 너무 중요한 발전전략이 되었다. 이에 맞추어 인력양성, 기술개발 외에도 법체계를 기업·학계 등 현장의 의견을 적극 반영해 국가적 소프트웨어 역량 강화를 지원하고 4차 산업혁명 시대 경제사회 전반에 소프트웨어 활용 확산을 지원하는 방향으로 개정할 필요가 있다. 정부의 개정안 마련과 국회의 조속한 입법 노력으로 국가 소프트웨어 경쟁력의 획기적 강화를 위한 법적 기반이 정립되기를 기대한다.

[출처] 〈왜 지금 '소프트웨어'인가〉 최재유 법무법인 세종 고문 · 전 미래부 제2차관, 2018. 1. 23. 발췌

학습평가 Quiz

1. 다음 중 데이터베이스의 필요성에 대하여 옳지 않은 것은?

　① 데이터의 중복을 줄인다.
　② 데이터의 무결성이 많다.
　③ 검색을 쉽게 한다.
　④ 데이터의 안정성을 높인다.

2. ( ) 안에 알맞은 말을 채워 넣으시오.

> ( )라함은 여러 개의 서로 연관된 파일을 의미한다. 이런 여러 개의 파일이 서로 연관되어 있으므로 사용자는 여러 개의 파일에 있는 정보를 한 번에 검색해 볼 수 있다. 또한 데이터와 파일, 그들의 관계 등을 생성하고, 유지하고 검색할 수 있게 해주는 소프트웨어이다.

3. 다음 중 데이터베이스의 기능에 대하여 옳은 것은?

　① 출력 기능　　　　　　　② 데이터의 검색 기능
　③ 인쇄 기능　　　　　　　④ GPS 기능

4. 데이터베이스의 필요성에 대한 내용 중 일부이다. ( ) 안에 알맞은 단어를 넣으시오.

> 데이터가 중복되지 않고 한 곳에만 기록되어 있으므로 데이터의 ( ), 즉 결함이 없는 데이터를 유지하는 것이 훨씬 쉬워졌다. 데이터가 변경되면 한 곳에서만 수정하면 되므로 해당 데이터를 이용하는 모든 애플리케이션은 즉시 최신의 데이터를 이용할 수 있다.

5. 다음 중 데이터베이스에 대하여 옳은 것을 고르시오.

① 컴퓨터에 적용시키면 업무의 효율을 높일 수 있다.
② 프로그램 개발 기간을 늘린다.
③ 다양한 인터넷 검색이 가능하다.
④ 안정성이 불확실하다.

학습내용 요약 Review (오늘의 Key Point)

1. 특정 업무를 수행하기 위해서는 그 일에 해당하는 소프트웨어를 선택하여 활용할 수 있어야 한다. 소프트웨어는 업무 처리의 특성에 따라 여러 종류가 있으며, 대표적인 소프트웨어로는 워드프로세서, 스프레드시트, 프레젠테이션, 유틸리티 프로그램 등이 있다.

2. 데이터베이스란 하나의 조직 내에서 관련있는 데이터들의 집합체를 의미한다. 데이터베이스를 구축하면 데이터 중복을 피할 수 있는게 가장 큰 장점이며, 효율적으로 데이터를 통합 및 관리할 수 있다.

3. 컴퓨터를 이용하여 업무의 효율을 높이기 위해서는 데이터의 효과적인 활용이 필요하며, 이를 위해서는 데이터베이스의 구축이 필수적이다. 직업인으로서 업무를 수행하는 데 데이터베이스 시스템을 활용하면 데이터 중복을 줄일 수 있고, 데이터의 무결성을 높이며, 데이터 검색을 쉽게 할 수 있고, 데이터의 안정성을 높일 수 있으며, 프로그램의 개발 기간을 단축시킬 수 있다.

 스스로 적어보는 오늘 교육의 메모

소셜 서비스의
미래

Contents

Learning Objectives

1. '소셜'에 대해 설명할 수 있다.
2. 다가올 소셜 서비스의 미래에 대해 이해할 수 있다.

8
Chapter

INFORMATION
COMPETENCY

 이야기 속으로 ...

2016년 트위터와 페이스북, 유튜브를 통해 거둔 소셜 미디어 마케팅 성공 사례를 살펴본다.

소셜 미디어에서 '마음'을 사려면 어떻게 해야 할까? 여성 점퍼를 고용해 산 정상에서 뛰어내려 비행하며 제품을 움켜쥐게 하고 이를 360도 동영상으로 촬영하면 될까? 던킨 도너츠(Dunkin' Donuts)가 시도했었던 것처럼 말이다. 이 밖에도 마케팅을 위해 소셜 미디어를 창의적으로 이용한 사례들은 얼마든지 있을 수 있다. 다음은 2017년 한 해 소셜 미디어를 활용할 때 참고할 만한 지난해의 성공 사례이다.

던킨 도너츠(Dunkin' Donuts)의 #WTFast

주목을 끌기 위해 극단적인 방법을 사용할 만한 때가 있다. 던킨 도너츠는 새 모바일 주문 서비스를 홍보하면서 이 방법을 썼다. 이 도넛과 커피 판매 체인은 세계에서 가장 빨리 낙하 비행할 수 있는 여성 윙수잇(Wingsuit) 베이스 점퍼를 고용했다. 그리고 2,400m 높이의 산 절벽에서 뛰어내려 비행하는 도중 하늘에 매달린 던킨 도너츠 커피잔을 잡도록 했다. 이 회사는 TV 광고와 함께 소셜 미디어(해시태그 #WTF) 홍보를 병행했다. 페이스북이나 던킨 도너츠 웹사이트에서 360도 비디오를 시청할 수 있도록 했는데, 이 비디오는 소비자들이 TV 광고에 더 큰 관심을 갖도록 만들었다. 소디어 분석 서비스를 제공하는 소셜베이커스(Socialbakers)의 모세스 벨라스코 최고 제품 홍보 책임자는 '새로운 콘텐츠 형식으로 청중의 더 큰 관심을 이끌어낸 아주 좋은 사례 중 하나'라고 평가했다. 던킨 도너츠의 해당 영상은 페이스북에서만 700만 뷰 이상을 기록한 것으로 추산된다.

나이키의 'Time is Precious(소중한 시간)' 캠페인

최고의 광고 캠페인은 감동적이면서, 기억에 남아야 한다. 나이키가 소셜 미디어에서 추진한 'Time is Precious' '텍스트' 비디오 광고가 여기에 모두 해당된다. 스포츠 및 엔터테인먼트 마케팅 회사인 차지(Charge)의 제시 지오지 브랜드 전략 담당 디렉터는 "사람들에게 일상이 얼마나 단조롭고 공허한지 일깨운 광고였다. 검은색 배경에 '시간은 소중합니다. 오늘 운동하실 계획입니까?'라는 강렬한 흰색 텍스트의 문구로 사람들에게 화두를 던졌다."고 설명했다. 애드위크 블로그(Adweek blog)는 "그 동안 나이키는 많은 돈을 들여 유명 스포츠 스타를 모델로 활용한 광고를 제작했었다. 이런 점에서 대조적이었다. 브랜드의 분위기를 쇄신한 광고였다."고 평가했다.

[출처] [관심 끌려면 이들처럼…소셜 마케팅 성공 사례 10선], 2017. 1. 9. 발췌

날이 거듭될수록 '소셜'은 급속도로 변화하고 발전한다. 특히 스마트폰이 삶의 주 무대가 되면서 본격적으로 발전한 소셜 미디어, 개인 대 개인 커뮤니케이션에 익숙했던 사람들은 이제 어려움 없이 소셜 미디어를 통해 대중을 상대로 이야기한다. 공동체 성향이 강한 한국에서 PC 통신을 시작으로 네이버·다음 카페, 싸이월드, 트위터·페이스북까지 인기를 끌었고, 끄는 중이다. 본 챕터에서는 소셜과 소셜 서비스의 미래에 대해 학습해 보고자 한다.

1. 다음은 무엇에 대한 설명인가?

> OO은 주로 인터넷을 통해 타인 또는 특정 기관과 상호작용을 시작하고 강화하는 매
> 체를 의미하며, 전통적 대중매체와 다른 성격의 매체를 가리키는 외래어이다. 또한
> 개인 미디어, 1인 미디어라고 부르기도 한다.

2. 다음 중 '소셜'의 의미로 옳지 않은 것을 고르시오.

① 공유의 의미로 해석된다.
② SNS의 중간글자 'N'은 Network를 의미한다.
③ 개인블로그는 소셜 미디어 또는 SNS에 해당된다.
④ 뉴스는 소셜 미디어의 한 종류이다.

3. 다음 중 소셜 인터넷을 통해 이익을 창출된 대표적인 형태를 고르시오.

① 인터넷 공구(공동구매)
② 대형쇼핑몰
③ 재래시장
④ 5일장

1. '소셜' 이란?

(1) 소셜의 의미

일상생활에서 'Social'이란 말을 흔히들 사용하고 있다. 과연 'Social'은 뭘까? 어원은 라틴어인 'Socius'에서 유래되었으며, 의미는 공유, 조합, 동맹, 파트너로 볼 수 있다. 결과적으로 Social은 '사람 간에 무언가를 공유한다'라는 의미로 해석된다.

[그림 8-1] 소셜 미디어

'사람 간에 무언가를 공유한다'에 대표적인 예로, 흔히 알고 있는 페이스북이 있다. 철저히 '개인'적이면서 다양한 사람들과 공유를 하는 것이 페이스북이다.

또한 '사회의', '사회적인'으로 번역되기도 하지만 소셜 미디어에서는 '관계를 형성하다' 또는 '사교하다'라는 뜻으로 쓰일 때의 'Socialize'에 담긴 의미와 관련성이 가장 강하다고 볼 수 있다.

(2) 소셜 미디어 또는 SNS

더 나아가 소셜 미디어와 SNS는 뭘까? 소셜 미디어란 인터넷을 통해 타인 또는 특정 기관과의 상호작용을 하는 매체를 의미하며, 일반적인 대중매체와는 달리 다른 성격의 매체를 가리키는 외래어이다. 특히 관계 중심성을 의미하는데 소셜 미디어를 번역해서 쓸 때에는 개인 미디어, 1인 미디

[그림 8-2] 페이스북

어라고 부른다. SNS는 Social Network Service의 약자로, 여러 사람과 기관이 이루는 네트워크를 만들고 강화하는 인터넷 서비스를 의미한다.

일상생활에서 많이 사용하는 포털, 웹사이트, 동호회, 네이버 카페, 싸이월드, 네이버 블로그, 다음 카페 등이 소셜 미디어 또는 SNS에 해당된다.

가장 최근에 SNS에는 페이스북, 트위터, 미투데이처럼 마이크로블로그(소형 블로그) 형태를 띤 관계 중심의 서비스들이 있다.

2. 다가올 소셜 서비스의 미래

(1) 최근의 소셜 서비스

최근의 소셜 서비스에 대해 알아보자. 인터넷 초기에 사용자가 인터넷 웹사이트로부터 원하는 정보를 검색하여 저장하는 서비스가 일반적이었다면, 최근에는 사람들끼리 정보를 공유하면서 평가를 하기도 하는 관계 중심의 서비스가 떠오르고 있다. 이것이 바로 최근 소셜 서비스의 판도이다.

이런 변화는 기존의 컴퓨터 네트워크가 사람과 디지털 정보를 효율적으로 연결하는 수준을 넘어 이제 사람과 사람을 효율적으로 연결하는 인프라의 역할을 하게 되었음을 의미한다.

다양한 정보를 보다 인간적인 방식으로 찾기를 원하는 인간의 욕구를 반영한다고 해석하면 과장일까? 어쨌든 관계 중심의, 즉 '소셜' 붐은 계속적으로 인터넷의 핵심을 설명하는 키워드로 남을 것이다.

또한 소셜 서비스는 장르 또한 다양하다. 성격에 따라 표현형, 관계형, 공유형, 게임형으로 분류되기도 한다. 그 특징을 알아보자.

첫 번째로 이용자에게 다른 이용자와 현재 접촉이 가능한지 여부를 알려주고, 자신과 연결 가능한 다른 이용자의 상태(온·오프라인) 등을 알려줌으로써 연결의 즉시성을 가지고 있다.

[그림 8-3] 인터넷 핵심키워드 '소셜'

뉴스 볼때 가장 많이 쓰는 소셜미디어는?
한겨레 - 2018. 1. 29
30일 한국언론진흥재단이 최근 공개한 '2017 소셜미디어 이용자 조사' 결과를 보면 소셜미디어로 뉴스를 본 경험이 있는 우리나라 국민 1천747명에게 뉴스 이용 플랫폼을 중복으로 선택하게 한 결과 50.4%가 카카오톡을 사용했다고 답했다. 카카오톡 다음으로는 페이스북(42%) 사용률이 높았으며 유튜브(31.8%)가...

페북의 고백 "소셜미디어, 민주주의 부식시킬 수 있다"
한겨레-2018. 1. 22.
페이스북은 22일 자사 블로그에서 '소셜미디어가 민주주의에 어떤 영향을 미치는가'에 대한 주제로 공개 논의를 시작했다. 사미드 차크라바티 페이스북 시민 참여 담당 매니저는 블로그에 "2011년 '아랍의 봄' 때 튀니지 같은 곳에서 소셜미디어가 중요한 역할을 했을 때 소셜미디어는 해방을 위한 기술로 알려졌다"며...

소셜네트워크, 'AR 하도카트 챔피언십' 종료
ZD넷 코리아 - 2018. 2. 4.
증강현실(AR) 전문 기업 소셜네트워크(대표 박수왕)가 지난 4일 'AR 하도카트 챔피언십'을 개최해 성황리에 마쳤다고 밝혔다... 그동안 모바일이나 태블릿PC로 제한적으로 즐길 수 있던 증강현실 게임을 벗어나, 오프라인 공간에서 함께 즐길 수 있는 새로운 놀이문화를 만들고자 소셜네트워크가 일본 밀리프사로부터...
소셜네트워크, AR 게임 대회 '하도카트 챔피언십' 개최
IT조선-2018. 2. 4.

두 번째로 이용자들 간에 각종 정보와 콘텐츠를 공유하고 의견이나 정보의 확산을 촉진시키는 역할을 한다.

셋째로 대화를 촉진시키는 역할을 한다. 대부분의 소셜 서비스는 언제 어디서나 대화가 손쉽게 일어나도록 하고 있다.

[그림 8-4] 페이스북 평판체계 '좋아요'

넷째로 현실세계에서 개인이 유지할 수 있는 집단의 규모보다 더 많은 집단 형성과 유지를 가능하게 해 준다.

다섯째로 평가하는 데 필요한 평판체계가 존재한다. 연결된 친구의 수가 본인이 쓴 글에 대하여 '좋아요' 또는 '신고하기'의 수 등 다양한 평판체계가 존재한다.

이렇게 현실세계에서 다 채우지 못하는 정체성을 소셜 서비스를 통해 연결하는 기능 또한 포함하고 있다.

(2) 소셜 서비스의 미래

이제 소셜 서비스의 미래에 대하여 알아보자. 소셜의 미래는 상업적 관심이 가장 크다. 즉, 인터넷을 통해 어떻게 이익을 창출할 수 있는지에 대한 관심이 무엇보다도 크다. 기존에 인터넷 공구(공동구매)의 발달된 형태로 소셜 커머스(social commerce)도 급증하는 추세인데, 이러한 소셜 서비스는 사용자의 설정에 따라 위치 기반 서비스와 결합하여 사용자가 특정 지역 또는 가게에 들어갈 경우, 자신과 친구 관계를 맺은 사람이 그곳에 있는지 여부를 알 수 있을 뿐 아니라, 스마트폰을 통해 즉석에서 그의 취향에 맞는 상품의 할인쿠폰을 발행하는 수준에까지 이르렀다.

서비스 제공자들은 이러한 서비스를 통해, 현재의 보편적 수준을 넘어 새로운 이익 창출 기회를 만들기 위해 지금 이 시간에도 노력하고 있다. 소셜이 강화된 인터넷은 사람들에게 관계를 통한 만족감을 강화시키는 한편, 인터넷을 통한 새로운 시장을 만들어내려는 기회도 제공하고 있다.

유명 할리우드 배우인 톰 크루즈가 주연

[그림 8-5] 국내 유명 소셜 커머스

[그림 8-6] 영화 '마이너리티 리포트'

으로 출연한 '마이너리티 리포트'에 나온 것처럼, (마이너리티 리포트: 영화 속 범죄 예측 시스템 프리크라임은 범죄가 일어날 시간과 장소, 저지를 사람을 예측하고 이를 바탕으로 특수경찰이 미래의 범죄자들을 체포한다) 사람의 홍체를 읽어 각각의 사람들에게 맞춤 광고를 제공하는 방식의 마케팅이 SNS와 함께 성장하는 여러 소셜 서비스를 통해 한 걸음 현실로 다가온 것이다.

결국 인터넷 발달과 더불어 소셜 서비스가 지속적으로 성장한다면 인류 발전에 굉장한 도움이 될 것이다.

 Level up Mission Step

유명 스포츠 스타, 연예인, 정치인 등 유명 인사이면서 동시에 SNS 사용자인 사람을 검색해보자. SNS에서 관계를 맺은 사람들의 수와 오프라인 현실에서의 그의 영향력이 어떠한지 생각해보자.

사례

소셜 마케팅 성공사례

소셜 미디어, 소셜 마케팅, SNS 마케팅…신문이나 뉴스 그리고 일상생활에서 굉장히 많이 들리는 단어들입니다. 스마트폰의 보급과 다양한 소셜 미디어들의 등장으로, 저 멀리 해외에 있는 사람과 친구가 될 수도 있고, 실시간으로 자신의 현재 소식을 전달할 수 있습니다. 소셜 미디어를 이용하는 사람들의 수는 점점 늘어가고, 더불어 이런 소셜 미디어를 마케팅에 활용하는 기업들이 늘어나고 있습니다. 기존 TV, 신문 등의 매체 광고와 달리, 적은 비용으로 큰 효과를 볼 수 있다는 장점 덕분에 이제 소셜 마케팅은 기업들에게 필수 아닌 필수가 되어버렸습니다. 다양한 소셜 마케팅 성공사례를 살펴봅시다.

페이스북 마케팅 성공 사례 : 스타벅스(Starbucks)

글로벌 카페 브랜드인 스타벅스는 페이스북 페이지를 개설하여 무려 3,400만 명에 가까운 팬을 확보하였습니다. 스타벅스의 페이스북 페이지가 이렇게 성공할 수 있었던 이유는, 페이스북 페이지 게시물들에 상업적인 내용을 거의 배제하고 커피를 주제로 하는 시, 이미지 등을 게시하여 유저들에게 편안함과 안락함을 제공하였기 때문입니다. 유저들은 스타벅스의 페이스북 페이지에서 커피와 스타벅스라는 브랜드를 활용하여 대화를 하고, 스타벅스의 메뉴들에 대한 평가 등을 공유함으로써 스타벅스 페이지는 스타벅스 커피를 좋아하는 사람들에게는 꼭 들려야 할 곳이 되었습니다.

블로그 마케팅 성공 사례 : 미스터피자(Mr.Pizza)

국내 피자브랜드인 미스터피자는 쟁쟁한 외국 체인점들을 제치고 몇 년 연속 고객만족도 1위의 자리를 유지하고 있습니다. 그 비결 중에 하나는 바로 피자를 즐겨먹는 20대 여성들을 타깃으로 한 블로그 마케팅이 큰 역할을 하였습니다. 피자에 대한 정보뿐만 아니라, 20대 여성들이 관심을 갖는 데이트 팁, 연애 등의 정보도 함께 제공하며, 블로그에

서만 이루어지는 이벤트와 각종 할인혜택을 제공하여 20대 여성들만을 위한 블로그로 거듭났습니다. 이러한 블로그의 활약 속에 미스터피자는 20대 여성들의 충성도를 높여 매출 상승과 긍정적인 이미지 제고라는 효과를 거두고 있습니다.

트위터 마케팅 성공 사례 : 고양시청

공공기관은 딱딱하고 일반인들이 접근하기 어렵다는 보수적인 느낌을 모두 없애버린 고양시청의 트위터입니다. 고양시의 지명이 고양이와 비슷한 점을 이용하여 고양이가 화자가 되어 트위터를 운영하고 있습니다. 말 끝마다 '~양', '~옹' 등으로 친근하고 귀여운 말투로 트윗을 전달하며, 유쾌하고 재치 있는 내용의 트윗을 생성하여 큰 인기를 끌고 있습니다. 그리하여 공공기관이지만, 무려 25,000에 가까운 팔로워들을 확보하여 큰 성공을 거두고 있습니다.

[출처] 〈소셜 마케팅이란? 소셜 마케팅 성공사례〉 2016. 1. 4. 발췌

학습평가 Quiz

1. 다음 중 'Social'의 어원인 라틴어로 올바른 것을 고르시오.

① society   ② sociable

③ socialization   ④ Socius

2. ( ) 안에 알맞은 말을 채워 넣으시오.

> 최근의 소셜 서비스에 대해 알아보자. 인터넷 초기에 사용자가 인터넷 웹사이트로부터 원하는 정보를 검색하여 저장하는 서비스가 일반적이었다면, 최근에는 사람들끼리 정보를 공유하면서 평가와 피드백을 하기도 하는 ( ) 중심의 서비스가 떠오르고 있다. 이것이 바로 최근 소셜 서비스의 판도이다. 이런 변화는 기존의 컴퓨터 네트워크가 사람과 디지털 정보를 효율적으로 연결하는 수준을 넘어 이제 사람과 사람을 효율적으로 연결하는 인프라의 역할을 하게 되었음을 의미한다.
> 다양한 정보를 보다 인간적인 방식으로 찾기를 원하는 인간의 욕구를 반영한다고 해석하면 과장일까? 어쨌든 관계 중심의, 즉 '소셜' 붐은 계속적으로 인터넷의 핵심을 설명하는 키워드로 남을 것이다. 또한 소셜 서비스는 장르 또한 다양하다. 성격에 따라 표현형, 관계형, 공유형, 게임형으로 분류되기도 한다.

3. 다음 중 소셜 네트워크 서비스로 옳지 않은 것을 고르시오.

① 페이스북   ② 싸이월드

③ 네이버 스포츠 뉴스   ④ 트위터

4. 다음은 본문에 대한 내용 중 일부이다. ( ) 안에 알맞은 단어를 넣으시오.

> 소셜의 미래는 상업적 관심이 가장 크다. 즉, 인터넷을 통해 어떻게 이익을 창출할 수 있는지에 대한 관심이 무엇보다도 크다. 기존에 인터넷 공구(공동구매)의 발달된 형태로 ( )도 급증하는 추세인데, 이러한 소셜 서비스는 사용자의 설정에 따라 위치 기반 서비스와 결합하여 사용자가 특정 지역 또는 가게에 들어갈 경우, 자신과 친구 관계를 맺은 사람이 그곳에 있는지 여부를 알 수 있을 뿐 아니라, 스마트폰을 통해 즉석에서 그의 취향에 맞는 상품의 할인쿠폰을 발행하는 수준에까지 이르렀다.

5. 다음 중 소셜 네트워크의 장점을 모두 고르시오.

① 인맥 확대   ② 지식과 정보수집

③ 개인정보 누출   ④ 가상인맥 집착

학습내용 요약 Review (오늘의 Key Point)

1. 소셜은 큰 의미로 공유와 사회라는 의미를 담고 있다. 구체적으로는 트위터, 블로그, SNS, 유튜브 등을 가리키며, 다양한 사용자들이 동영상이나 사진 등을 공유할 수 있도록 해주는 인터넷상의 서비스 이다.

2. 소셜 미디어 또는 SNS란 사교적인 연결망을 제공하는 서비스를 의미하며, 우리에게 익숙한 싸이월드, 네이버 블로그, 다음 카페, 페이스북 등이 SNS에 속한다고 볼 수 있다. 많은 사람들이 다른 사람과 의사소통을 하거나 정보를 교환하는 소통수단이라고 할 수 있다.
   가장 최근의 SNS에는 페이스북, 트위터, 미투데이처럼 마이크로블로그(소형 블로그) 형태를 띤 관계 중심의 서비스들이 있다.

3. 소셜의 미래는 상업적 관심이 가장 크다. 사람들은 새로운 이익 창출 기회를 위해 지금 이 시간에도 새로운 시장을 만들기 위해 노력하고 있다. 소셜 미디어는 여러 사람이 참여하고 이야기하는 커뮤니티의 한 부류로, 과거부터 있었던 커뮤니티가 시대에 따라 차츰 변화해 지금의 모습을 갖췄다. 앞으로 이러한 스마트폰과 같은 전자기기 및 인터넷 발달과 더불어 소셜 서비스가 지속적으로 성장한다면 인류 발전에 굉장한 도움이 될 것이다.

 스스로 적어보는 오늘 교육의 메모

정보처리능력

3
PART

정보수집 방법

Contents

1. 정보수집의 의미와 필요성
2. 정보수집 방법

Learning Objectives

1. 정보수집의 의미와 필요성에 대해 설명할 수 있다.
2. 정보수집 방법에 대해 설명할 수 있다.

9

Chapter

INFORMATION
COMPETENCY

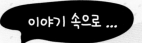 **이야기 속으로 ...**

똑똑하게 일하기의 시작 '정보수집'

18세기 실학사상을 집대성한 다산 정약용 선생의 집필서가 무려 500여권에 이른다는 사실을 알고 계십니까? 1년에 10권씩 집필하더라도 50년간 끊임없이 저술활동을 해야 하는 분량으로 정보과잉의 현대인들에게도 500권이라는 책은 어마어마한 분량임에 틀림없습니다. 어떻게 이런 저술활동이 가능했을까요? 그 핵심은 바로 방대한 정보를 수집하고, 분류하는 정약용 선생만의 특별한 노하우가 있었기 때문입니다.

무엇인가 정리하고, 그 정보를 다른 사람들에게 전달해야 하는 기획자에게 정보수집과 분류는 모든 일의 시작과도 같습니다.

정해진 목적을 달성하기 위한 정보수집 과정은 보통 주제를 정하고, 그 주제를 뒷받침하는 정보를 찾는 과정으로 진행됩니다. 일종의 목적지향형 정보수집 활동이라 할 수 있습니다. 리포트를 쓰거나 특정 업무를 위해 인터넷을 검색하는 활동들이 바로 이런 목적지향적인 정보수집이라 할 수 있습니다. 하지만 언제 어떻게 사용될지 모르지만 해당 분야의 동향을 파악하고, 그로부터 통찰을 얻기 위해서는 특정 주제로 한정하는 것이 아닌 조금 더 폭넓은 정보를 읽고, 분류한 뒤 자신만의 방법으로 보관하여야 합니다.

인터넷이 보편화되면서 우리는 정보 과잉의 시대에 살고 있습니다. 최근 스마트 디바이스 사용이 일상화되면서 정보 과잉은 더욱 더 피로감을 유발하고, 이를 해소하기 위해 개인에게 적합한 콘텐츠를 선별해 전달하는 큐레이션 서비스가 출현하기도 했습니다.

뿐만 아니라 우리가 일상 속에서 접하는 정보매체의 변화도 일어났습니다. 전통적 미디어인 뉴스에서 뉴미디어인 블로그, 트위터나 페이스북과 같은 SNS도 중요 정보매체로 자리잡았습니다. 즐겨찾기를 통해 웹사이트를 방문하던 시대에서 RSS 피드를 통해 자료를 모으고, 자신만의 클라우드 공간에 페이지를 스크랩하거나 문서를 직접 작성하는 등 손쉬운 정보수집과 분류를 지원하는 다양한 서비스가 우리 일상의 한 부분이 되었습니다.

[출처] Social LG전자, 〈똑똑하게 일하기의 시작은 정보수집과 분류에서〉中 발췌

본 챕터에서는 정보수집의 의미와 필요성 그리고 수집 방법에 대해 학습해 보고자 한다.

1. 다음은 무엇에 대한 설명인가?

> ○○○○이란 글자 그대로 정보를 모으는 것을 의미한다.

① 정보수집   ② 정보분석

③ 정보개량   ④ 정보활용

2. 다음은 무엇에 대한 설명인가?

> 이것은 정보(콘텐츠)의 배급과 수집에 관한 표준 포맷을 의미한다.

① Format   ② Feed

③ intelligence   ④ RSS

3. 일본 1위 통신사인 이 회사는 개인 정보를 빅데이터화하여 30분 후 시내 구역별 택시 수요를 예상해 운전기사에게 알려주는 서비스를 제공하고 있다. 이 회사는 어디인가?

① 우버   ② NTT도코모   ③ 도쿄택시   ④ 인조이재팬

1. 정보수집의 의미와 필요성

(1) 정보수집의 의미

정보수집이란 글자 그대로 정보를 모으는 것을 의미한다. 그 방법으로는 과학적 정보를 얻을 목적으로 기성의 데이터를 수동적으로 수집하는 경우와 정보의 수집자가 명확한 목적을 지니고 능동적으로 수집하는 경우가 있다. 전자의 예에는 기성의 경제, 의학, 병원 등으로부터의 정보 수집, 후자의 예에는 수집자의 목적에 따른 측정·검사법 또는 조사 기법의 선정·설정을 행한 바탕 위에서 정보수집을 행하는 경우가 있다.

정보는 기업이나 어떤 조직을 운영하는 데 있어서 중요한 자원이다. 또한 오늘날 이러한 내외적인 정보는 기하급수적으로 증가하고 있는 실정이다. 우리는 분명 정보 과잉의 시대에 살고 있다. 그 안에서 무엇이 가치 있는 정보인지 분별해내는 것 자체만으로도 적잖은 스트레스가 된다. 하지만 이를 잘 활용한다면 개인의 비전달성과 조직의 성과 창출을 하는 데 있어 의미 있는 결과를 얻게 될 것이다.

(2) 정보수집의 필요성

정보수집은 업무 생산성을 높이는 데 매우 중요하다. 수집된 정보의 활용은 의사결정을 하거나 문제의 답을 알아내고자 할 때 결정적 역할을 한다. 지금 처한 상황을 해결하기 위해서 특정 정보가 필요하다는 것을 알아야만 정보를 찾으려는 시도를 하게 된다. 이와 반대로 당신이 문제 상황에 직면했을 때 처음에는 문제를 인식하기는 하지만 어떠한 정보가 필요한지 전혀 알 수 없을 때도 있다. 따라서 필요한 정보가 구체적으로 무엇인지 고민하고 찾아나가는 과정을 거치면서 필요로 하는 정보와 필요하지 않은 정보를 가려낼 수 있어야 한다. 필요한 정보가 무엇인지 구체적으로 인식하게 되면 찾고자 하는 정보를 어디서 수집할 수 있을지를 탐색하게 될 것이다.

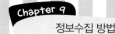

 Level up Mission Step

 여러분이 현재 어떠한 목적을 달성하기 위해 정보를 수집하는 것이 있다면 무엇인지 작성해 보자.

사 례

정보의 홍수, 선별능력 키워야

1. 정보의 홍수에 빠진 사람들

인터넷 사용자가 급격히 늘어나면서 가상공간에서 정보가 넘쳐나고 있다. 그러나 이러한 정보는 엄밀히 말해 정보라기보다 그냥 자료일 뿐이다. 인터넷이라는 공간 속에 엄청나게 많이 존재하는 정보 중에서 원하는 정보를 빠르고 효과적으로 찾아, 최신 정보를 신속히 수용하고 발빠른 대책을 강구하기 위해서는 어떤 정보가 어디에 있는지, 이른바 '노웨어(know–where)' 능력을 기르는 일이 중요해지고 있다.

2. 유통되는 정보관리의 어려움

인터넷에 있는 정보의 내용에 관해서 기본적으로 중앙에서 집중적으로 관리할 수 있는 체제가 존재하지 않는다. 따라서 각종 불건전 정보의 유통에 관한 규제가 중요한 이슈로 부상되고 있다. 각종 중요성 메시지의 유포나 반사회적인 정보의 유통에 대한 통제 등도 기존 콘텐츠 유통 체계와는 다른 각도에서 이루어지게 된다. 또한 디지털화된 정보의 복제가 용이해지면서 가상공간에서의 지적 재산권 역시 인터넷 보급 확산에 따라서 콘텐츠와 관련하여 부각되는 중요한 이슈가 되고 있다.

3. 정보사회에서의 인간

정보를 생산하고 활용하는 것은 사람이며, 그 결과에 대해서도 사람이 책임을 지게 된다. 따라서 바람직한 정보 사회를 만들기 위해서는 다음과 같은 능력과 태도가 요구된다.

첫째, 기본적인 정보의 생산과 활용 능력이다. 정보 사회에서는 지식과 정보가 부가가치를 창출한다. 따라서 정보 격차는 계층 간, 국가 간 소득 격차를 확대시킬 수 있다. 인터넷을 활용하여 자유롭게 지식과 정보를 수집하거나 업무를 볼 수 있는 능력은 개인 및 국가 경쟁력을 높이는 데 필수적이다.

둘째, 정보의 평가와 선별 능력이다. 홍수처럼 쏟아지는 정보에는 올바른 것과 잘못된 것, 합리적인 것과 비합리적인 것, 효율성이 높은 것과 낮은 것들이 있다. 그리고 정보 사회에서는 지식과 정보를 통제하여 정치적으로 이용하거나 경제적인 부당 이익을 취하는 사람들이 나타나기도 한다. 따라서 정보를 비판적으로 분석함으로써 취사선택할 수 있는 능력이 필요하다

[출처] 한국산업인력공단, 〈정보능력〉 교수자용 자료 발췌

2. 정보수집 방법

(1) 효과적인 정보수집 방법

필요한 정보를 효과적으로 수집하려면 다음과 같은 사항에 항상 관심을 가지고 주의하는 것이 필요하다.

① 정보는 인간력이다.

우선 정보(情報)란 두 글자를 자세히 보도록 하자. 그것은 '인정 정'에 '보답할 보'를 쓰는데 이것은 상당히 깊은 뜻을 갖는다. 왜냐하면 정말로 중요한 정보는 신뢰관계가 좋은 사람에게만 전해지기 때문이다. 정보기술의 발달로 TV회의나 원격조정 미팅 등을 통해서도 어느 정도 정보를 얻을 수 있지만 역시 정보는 얼굴을 마주해야만 전해지는 것이다. 당

연히 중요한 정보를 수집하기 위해서는 우선적으로 신뢰관계가 전제되어야 할 것이다.

② 인포메이션 vs 인텔리전스

우리에게는 정보라는 단어가 하나밖에 없지만, 영어에는 정보에 해당하는 단어가 2개가 있다. 하나는 일반적으로 정보라고 번역되는 '인포메이션(information)'이고, 다른 하나는 '인텔리전스(intelligence)'다. 그렇다면 인포메이션과 인텔리전스에는 어떤 차이가 있을까?

인포메이션은 하나하나의 개별적인 정보를 나타낸다. 예를 들어, 오늘의 일본 경제 주가가 16,500엔이라든가, 일본의 수도가 도쿄라든가 하는 식의 단순한 정보이다. 이에 반해 인텔리전스란 정보의 홍수라고 불리는 사회의 무수히 많은 인포메이션 중에 몇 가지를 선별해 그것을 연결시켜 뭔가 판단하기 쉽게 도와주는 하나의 정보 덩어리라고 할 수 있다. 즉, 일본 경제 주가가 16,500엔이라는 인포메이션은 단순한 정보에 불과하지만, 앞으로 주가가 오를지 내릴지를 어느 정도 예측한다면 이는 인텔리전스가 되는 것이다. 결국 우리는 단순한 인포메이션을 수집할 것이 아니라 직접적으로 도움을 줄 수 있는 인텔리전스를 수집할 필요가 있다.

③ 선수필승(先手必勝)

'공격은 최대의 방어'라는 말이 있다. 정보에 있어서도 마찬가지다. 다른 사람보다 1초라도 빨리 정보를 쥔 사람이 우위에 서게 된다. 예를 들어, 2시간 후면 누구라도 알 수 있는 내용을 다른 사람에게 말해줄 수 있다면 '와! 이 사람 정보가 빠른 사람이네'하며 다르게 보게 될 것이다.

'지옥귀'라는 말이 있는데, 이처럼 변화가 심한 시대에는 정보를 빨리 잡는다는 것이 상당히 중요한 포인트가 된다. 때로는 질이나 내용보다는 정보를 남보다 빠르게 잡는 것만으로도 앞설 수 있다. 더욱이 격동의 시대에는 그것이 결정적인 효과를 가져 올 가능성이 있을 것이다.

④ 머릿속에 서랍을 많이 만들자.

정보수집에 있어서 얼렁뚱땅 쉽게 얻어지는 것은 절대 없을 것이다. 자신에게 맞는 방법을 찾아 꾸준히 노력하다 보면 언젠가는 큰 것을 얻을 수 있을 것이다. 그러나 아무리

정리 박스라는 물리적인 것을 사용한다 해도 자기 머릿속에 서랍을 만들어두지 않으면 정리도 되지 않을뿐더러 정보수집을 효과적으로 할 수 없을 것이다. 예를 들어, 신문을 읽다가 앞으로 일본은 노인대국이 될 것이라는 기사를 봤다고 하자. 그 기사에 흥미를 느꼈다면 머릿속에 '노인왕국'이라는 서랍을 하나 설정하는 것이다. 이렇게 머릿속에 서랍을 만들어 자기 나름대로 정리를 해놓으면, 신문을 읽더라도 사람들의 얘기를 듣다가도 '이건 쓸만하겠다', '이건 관계가 있겠다'라는 식으로 구분이 갈 수 있을 것이다.

⑤ 정보수집용 하드웨어 활용

사람의 기억력이란 한계가 있기 마련이다. 그래서 중요한 큰 봉투만을 머릿속 서랍에 두고, 세세한 정보들은 정리 박스, 스크랩 등을 활용하여 수집하는 것이 필요할 것이다. 또한, 지금 당장은 유용하지 않은 정보일지라도 향후 유용한 정보가 될 수 있는 것들은 이러한 물리적인 하드웨어를 활용하여 수집하는 것이 필요할 것이다.

(2) 다양한 정보수집 사례

① 뉴스, 웹사이트 구독하기

뉴스와 일반 웹사이트뿐만 아니라 유명한 블로그의 글을 RSS로 구독하는 과정은 IT업계에 있는 분들이라면 더 이상의 설명이 필요 없을 것이다. RSS란 Really Simple Syndication의 약자로 정보(콘텐츠)의 배급과 수집에 관한 표준 포맷을 의미한다. 더 쉽게 표현하자만, 관심 웹사이트의 RSS 주소를 지정해 놓으면 그 사이트에 일일이 방문하지 않아도 업데이트한 새로운 콘텐츠가 내 블로그나 이메일, RSS 수집 사이트를 통해 나에게 배달되도록 한다. 선택한 뉴스사이트나 블로그 등에 어떤 글이 올라왔는지 실시간으로 RSS 리더 사용자에게 알려준다. 따라서 내가 원하는 정보, 뉴스만을 골라서 구독 및 수집이 가능하다.

② 구글 알리미 구독하기

인터넷의 수많은 정보를 사이트 구독을 통해 수집한다는 것에는 한계가 있다. 그래서 직접 구독하지 않는 사이트의 글 중 특정 키워드, 경쟁사, 고객에 대한 글은 구글 알리미를 통해 RSS로 변환하여 구독하면 된다. 알리미를 등록할 때 수신 위치를 피드로 설정하면 RSS 구독기를 통해 받아볼 수 있는 RSS 주소가 만들어진다.

(구글 알리미 : http://www.google.com/alerts?hl=ko)

③ RSS 미지원 사이트 구독하기

RSS를 지원하지 않는 웹사이트 중 유용한 정보가 있는 곳들도 있다. 대표적으로 생생한 사용자 후기가 있는 커뮤니티 사이트들이 그 대상이다. 이처럼 RSS를 지원하지 않는 사이트를 구독할 수 있도록 지원하는 서비스가 있는데, 이를 극복하기 위한 서비스는 바로 Feed43이라는 서비스이다. 글의 전문이 아니더라도 제목과 요약만으로도 글의 내용을 충분히 파악할 수 있고, 한 번 구독해 두면 크게 신경 쓰지 않아도 되니 아주 편리하다.

(Feed43 : http://www.feed43.com)

④ 트위터/페이스북 RSS로 구독하기

트위터나 페이스북 페이지의 글 또한 RSS로 구독할 수 있다. 각각의 서비스 정책에 따라 구독방법이 조금씩 변경되었지만 RSS를 통해 일관된 정보수집을 한다는 의미에서 정보소스로 사용할 수 있는 특정 트위터 계정과 페이스북 페이지도 RSS를 통해 구독하고 있다.

지금까지 RSS를 이용한 정보수집에 대해 소개하였다. 굳이 RSS가 아니라 트위터나 페이스북만으로 정보를 수집하는 사람들도 있고, 플립보드와 같은 서비스를 통해 정보수집을 할 수도 있다. 하지만 정보는 수집 이외에도 정보를 읽고, 분류하고, 필요한 경우 검색하여 실제로 이용해야만 정보로서의 가치가 올라간다. 이런 의미에서 다른 정보수집 방법보다 RSS를 통한 정보수집을 추천한다.

앞서 학습한 바와 같이 RSS를 활용한 정보수집 방법을 통해 내가 관심 있는 기사/뉴스 주제, 관심사, 취미 등 앞으로 정보를 수집하고자 하는 주제는 무엇이 있을지 작성해보자.

사례

기업의 정보수집을 통한 빅데이터 활용사례

빅데이터에 대한 관심이 폭발적으로 늘고 있지만 정작 빅데이터가 왜 중요하고 어떻게 돈버는지 아는 사람은 많지 않다. 빅데이터를 활용해 가장 돈 많이 버는 업체를 꼽으라면 구글, 아마존이다. 그렇지만 최근에 진출했으면서 빅데이터를 활용한 시험에 성공한 기업들이 속속 나타나고 있어 주목된다.

일본 1위 통신사 NTT도코모는 지난 3월 스페인 바르셀로나에서 막을 내린 MWC에서 'AI 택시'를 전시했다. 이 서비스는 한마디로 30분 후 시내 구역별 택시 수요를 예상해 운전기사에게 알려주는 서비스이다. NTT도코모는 자사 이동통신 가입자들의 위치 정보, 과거 택시 승차 데이터, 일기예보 등을 기계 학습해 2500㎡ 면적으로 나눈 구역별 택시 수요를 92%의 높은 정확도로 예상해낸다. 통신사업을 하면서 쉽게 얻을 수 있는 정보를 종합해 서비스하는 개념이다. 정보 생산에는 힘이 들지 않지만 정보를 받는 입장에서는 크게 유용하다. 택시 기사는 빈 차로 돌아다니는 시간을 크게 줄일 수 있고 택시 승차를 원하는 소비자는 더 짧은 시간 안에 택시를 잡을 수 있다.

NTT도코모는 지난해 하반기 도쿄와 나고야에서 이 서비스를 시험 운영해 택시 기사들의 소득이 하루 4,500엔에서 6,732엔으로 49%나 늘어난 것을 확인했다.

스웨덴 통신설비 회사 에릭슨은 MWC 전시관에서 각 가정의 에너지 비용을 크게 아낄 수 있는 서비스를 선보였다. 에릭슨은 작년 10월부터 스톡홀름의 155개 가정에 솔루션을 직접 설치, 얼마나 비용을 줄일 수 있는지 측정하고 있다. 시범 서비스를 마치는 대로 실전 투입할 계획이다.

에릭슨은 스웨덴 정부의 친환경도시 개발사업인 '로열 시 포트' 프로젝트에 참여해 가정에서 에너지 사용 현황을 실시간으로 확인하고 통제할 수 있는 솔루션을 공급한다. 이 솔루션은 전기, 수도, 열이 어떻게 소비되는지 장기간 데이터를 모아 더 효율적인 소비 패턴을 제시하는 서비스이다.

[출처] 녹색경제, 〈빅데이터로 어떻게 돈버나⋯빅데이터 활용사례 3선〉, 2017. 8. 6. 발췌

학습평가 Quiz

1. 다음 중 괄호 안에 공통적으로 들어갈 말은?

> (   )는 기업이나 어떤 조직을 운영하는 데 있어서 중요한 자원이다. 또한 오늘날 이러한 내외적인 정보는 기하급수적으로 증가하고 있는 실정이다. 우리는 분명 (   ) 과잉의 시대에 살고 있다.

① 정보
② 빅데이터
③ 자본
④ 맨파워

2. 다음 이것은 무엇에 대한 설명인가?

> 이것은 '공격은 최대의 방어'라는 뜻의 사자성어이다. 정보에 있어서도 마찬가지로, 다른 사람보다 1초라도 빨리 정보를 쥔 사람이 우위에 서게 된다.

① 선수필승(先手必勝)
② 거두절미(去頭截尾)
③ 교언영색(巧言令色)
④ 궁여지책(窮餘之策)

3. 이것은 요즘과 같이 정보의 홍수라고 불리는 사회의 무수히 많은 인포메이션 중에 몇 가지를 선별해 그것을 연결시켜 뭔가 판단하기 쉽게 도와주는 하나의 정보 덩어리라고 할 수 있다. 이것은 무엇인가?

① 인포메이션
② 인텔리전스
③ 인포그래픽
④ 의사결정 방법

4. RSS(Really Simple Syndication)란 무엇이고, 이것의 장점에 대한 자신의 생각하는 바를 작성해 보자.

5. 기업의 정보수집을 통한 빅데이터 활용으로 고객만족을 이끌어내고 있다. 이와 관련하여 NTT 도코모의 사례를 정리하여 작성해보자.

학습내용 요약 Review (오늘의 Key Point)

1. 정보수집이란 글자 그대로 정보를 모으는 것을 의미한다. 그 방법으로는 과학적 정보를 얻을 목적으로 기성의 데이터를 수동적으로 수집하는 경우와 정보의 수집자가 명확한 목적을 지니고 능동적으로 수집하는 경우가 있다.

2. 정보수집은 업무 생산성을 높이는 데 매우 중요하다. 수집된 정보의 활용은 의사결정을 하거나 문제의 답을 알아내고자 할 때 결정적 역할을 한다.

3. 정보기술의 발달로 TV회의나 원격조정 미팅 등을 통해서도 어느 정도 정보를 얻을 수 있지만 역시 정보는 얼굴을 마주해야만 전해지는 것이다. 당연히 중요한 정보를 수집하기 위해서는 우선적으로 신뢰관계가 전제되어야 할 것이다.

4. RSS란 Really Simple Syndication의 약자로 정보(콘텐츠)의 배급과 수집에 관한 표준 포맷을 의미한다. 더 쉽게 표현하자만, 관심 웹사이트의 RSS 주소를 지정해 놓으면 그 사이트에 일일이 방문하지 않아도 업데이트한 새로운 콘텐츠가 내 블로그나 이메일, RSS 수집 사이트를 통해 나에게 배달되도록 한다.

5. 빅데이터에 대한 관심이 폭발적으로 늘고 있지만 정작 빅데이터가 왜 중요하고 어떻게 돈버는지 아는 사람은 많지 않다. 빅데이터를 활용해 가장 돈 많이 버는 업체를 꼽으라면 구글, 아마존이다. 그렇지만 최근에 진출했으면서 빅데이터를 활용한 시험에 성공한 기업들이 속속 나타나고 있어 주목된다. 일본 1위 통신사 NTT도코모는 지난 3월 스페인 바르셀로나에서 막을 내린 MWC에서 'AI 택시'를 전시했다. 이 서비스는 한마디로 30분 후 시내 구역별 택시 수요를 예상해 운전기사에게 알려주는 서비스이다.

 스스로 적어보는 오늘 교육의 메모

정보분석 및 가공

Contents

1. 정보분석의 의미와 중요성
2. 정보가공

Learning Objectives

1. 정보분석의 의미와 중요성에 대해 설명할 수 있다.
2. 정보가공과 활용에 대해 설명할 수 있다.

10
Chapter

INFORMATION
COMPETENCY

이야기 속으로 ...

경기도, 빅데이터 분석 통한 가뭄피해 예측 시스템 구축 추진

경기도가 전국 최초로 논밭에 대한 가뭄 위험정보를 분석해 제공하는 시스템을 선보인다.

경기도는 3억6,000만원을 들여 올 연말(2018년)까지 화성·안성·평택·이천·여주 등 5개 시를 대상으로 빅데이터 기반 가뭄피해 예측 시스템을 시범 구축한다고 21일 밝혔다. 경기도의 '농업용수 공급분석 및 가뭄 위험 예측' 시스템은 지도기반 서비스에 관정, 저수지, 양수장 등 각종 수자원 정보와 기상 정보를 연결한 후 가뭄 예측 모형을 통해 가뭄취약지역을 분석해 주는 시스템이다.

예를 들면, 사용자가 특정 지역을 선정하면 그 주위에 있는 수자원 시설의 용수공급능력과 지역 기상 정보 등을 종합해 가뭄 취약 여부를 알려주게 된다. 도는 이번 빅데이터 분석사업 결과가 가뭄대응능력 향상은 물론 농정분야 정책수립과 현황 파악, 개선사항 발굴에 도움이 될 것으로 기대하고 있다. 도는 가뭄취약지역 분석을 통해 긴급 관정 설치, 임시 양수장 운영 등 가뭄에 대한 선제적 대응과 농업필지 인허가, 농경지별 재배 작물 관리 등에 활용될 수 있을 것으로 보고 있다.

박종서 경기도 빅데이터담당관은 "이번 사업으로 경기도가 농정분야 4차 산업혁명에 새로운 모델을 만들게 됐다."면서 "5개 시를 대상으로 우선 시범 추진한 후 내년부터 도 전역으로 사업범위를 확대할 예정"이라고 말했다.

[출처] 서울경제, 〈경기도, 빅데이터 분석 통한 가뭄피해 예측 시스템 구축 추진〉 2018. 6. 21. 발췌

본 챕터에서는 정보수집의 의미와 필요성 그리고 수집 방법에 대해 학습해 보고자 한다.

1. 다음은 무엇에 대한 설명인가?

> ○○○○이란 개인과 기업이 가진 방대한 정보를 분석해 미리 상황을 예측하고 그에 맞도록 행동해 새로운 비즈니스 통찰력을 이끌어낼 수 있도록 돕는 것을 의미한다.

① 정보수집   ② 정보분석

③ 정보개량   ④ 정보활용

2. 다음은 무엇에 대한 설명인가?

> 이것은 데이터를 기술적으로 다루는 것에서부터 데이터에 숨겨진 의미 있는 인사이트를 도출해 내는 등 데이터 활용 과정 전반에 필요로 하는 역량을 의미한다.

① 데이터 리터러시   ② 데이터 가공

③ 데이터 수집   ④ 히든 데이터

3. 2008년부터 검색 정보와 위치를 기반하여 미국의 감기 바이러스 확산 상황을 알려주는 서비스를 제공하고 있는 이 회사는 어디인가?

① 우버   ② 구글

③ 암센터   ④ 야후

1. 정보분석의 의미와 필요성

(1) 정보분석의 의미

정보분석이란 개인과 기업이 가진 방대한 정보를 분석해 미리 상황을 예측하고 그에 맞도록 행동해 새로운 비즈니스 통찰력을 이끌어낼 수 있도록 돕는 것을 의미한다. 이는 개인에게는 업무 생산성을 높이고, 기업에서는 미래 예측에 이용되며, 공공분야에서는 의료, 치안, 교통, 자원관리 등의 다양한 영역에서 적용된다.

정보분석은 단순히 많은 데이터(자료) 혹은 좋은 데이터가 있다고 해서 항상 훌륭한 분석이 되는 것은 아니다. 좋은 데이터가 있어도 그것을 평범한 것으로 바꾸는 것만으로는 훌륭한 분석이라고 할 수 없다. 훌륭한 분석이란 하나의 메커니즘을 그려낼 수 있고, 동향, 미래를 예측할 수 있는 것이어야 한다. 그러나 반드시 고도의 수학적 기법을 요구하는 것만은 아니다. 가장 중요한 것은 데이터를 분석하는 과정에서 구조화시키는 사고의 흐름과 통찰력 있게 예측하는 역량이 더 중요하다.

(2) 정보분석의 중요성

최근 4차 산업혁명의 트렌드와 맞물려 빅데이터 활용에 대한 관심이 증대되고 있다. 특히 데이터, 즉 정보수집과 분석에 대한 중요성을 인지하는 사외 분위기가 확대대고 있다. 데이터 없이는 생존이 불가능한 시대로 접어들고 있다고 해도 과언이 아니다. 데이터의 중요성이 확대되고 이를 활용하기 위한 시도가 증가하는 시대에, 정보를 선별해 수용하기 위한 정보검색능력이 중요한 역량으로 떠오르고 있는데, 이를 데이터 리터러시라 부른다. 이처럼 사회 이슈가 고조화되면서 이러한 현실에 요구되는 데이터 리터러시 역량을 갖추는 것이 핵심인재로 부각될 수 있는 방법이다.

 데이터 리터러시 [data literacy]

원래 리터러시(literacy)는 글을 읽고 해독하는 능력을 뜻한다.
데이터 리터러시는 데이터를 읽고 그 안에 숨겨진 의미를 파악하는 데이터 해독능력을 말한다. 매순간 수많은 데이터가 쏟아지고 있는 상황에서 데이터에 담겨 있는 의미를 빨리 파악하고 목적에 맞게 활용하는 능력은 빅데이터 시대의 필수 생존요건으로 간주된다.

[출처] 한경 경제용어사전, 한국경제신문/한경닷컴

데이터 리터러시는 데이터를 기술적으로 다루는 것에서부터 데이터에 숨겨진 의미 있는 인사이트를 도출해 내는 등 데이터 활용 과정 전반에 필요로 하는 역량을 의미한다. 이를 크게 5가지로 나눠 이야기할 수 있다.

① 데이터 수집 역량
필요한 데이터를 빠른 시간 내에 검색, 선별해 확보할 수 있는 능력
② 데이터 관리 역량
데이터를 분석이 가능한 형태로 구조화, 정제하는 능력
③ 데이터 가공 및 분석 역량
데이터를 목적에 맞는 분석 방법을 사용해 의미 있는 결과를 도출하는 능력
④ 데이터 시각화 역량
데이터를 다른 사람이 이해할 수 있도록 그래프, 차트 등의 시각화 형태로 표현하는 능력
⑤ 데이터 기획 역량
전반적인 데이터 간의 관계를 이해하고 데이터 활용을 위한 계획을 세우는 능력

 Level up Mission Step

📞 현재 4차 산업혁명과 빅데이터 시대에 내가 현재 보유하고 있는 데이터 리터러시 역량은 무엇이며, 향후 어떠한 준비를 해야 하는지 작성해 보자.

 사 례

선택이 아닌 기본 역량, 데이터 리터러시

빅데이터 시대에 갖춰야 할 역량을 바탕으로 영업이익률(gross margin) 57%라는 높은 기록을 달성한 기업이 있습니다. 바로 패스트패션의 선두를 이끌고 있는 글로벌 브랜드 자라(Zara)입니다.

자라는 1년을 15개 시즌으로 나누어 제품을 디자인하고, 완성된 제품은 단 4시간 안에 재단, 포장, 출하의 과정을 거쳐 전 세계 2,200개 매장으로 직송합니다. 빠른 속도로 제품을 생산 및 관리하는데도 불구하고 신제품 실패율이 1% 미만이라는 놀라운 기록을 갖고 있습니다. 경쟁사의 실패율이 17~20%에 이르는 것에 비하면 매우 낮은 수준입니다. 자라가 이처럼 놀라운 실적을 기록할 수 있었던 그 배경에 빅데이터 시대에 누구에게나 필요한 역량, 데이터 리터러시(Data Literacy)라 불리는 데이터 활용 역량이 있습니다.

유행에 민감한 패션 사업에 있어서 재고 관리는 매우 중요한 이슈입니다. 자라는 재고 관리를 위해 판매 데이터를 활용하되 소비자의 관점에서 이를 분석하고 활용합니다. 그 예로 판매 데이터를 수집할 때 상품 단위뿐만 아니라 제품 특성별로 데이터를 수집하는 것을 들 수 있습니다. 제품 특성별로 수집한 판매 데이터의 분석 결과는 각 매장별로 정확한 수요를 예측해 매장을 찾는 소비자의 특성에 적합한 제품을 적정량으로 공급하는 데 활용됩니다.

자라는 이와 같은 데이터를 매일 분석하고 거의 실시간으로 디자인, 주문, 생산에 반영한다고 합니다. 기존 패션 업체들이 스타 디자이너와 브랜드 충성도에 의존해 '흥행 사업'을 하던 것과 달리 데이터 기반으로 고객 맞춤, 스피드, 가성비에 따른 공급망 사업으로 접근했다는 점에서 데이터를 활용하는 능력으로 업의 본질을 재정의했다는 평을 받기도 합니다.

자라의 데이터 활용 사례를 통해 우리가 생각해봐야 할 지점은 바로 데이터를 '어떻게' 활용할 것이냐에 대한 관점을 가져야 한다는 것입니다.

[출처] 블로터, 〈빅데이터 시대, 누구나 알아야 할 데이터 리터러시〉 2018. 2.11. 발췌

 2. 정보가공

(1) 빅데이터 시대

디지털 경제의 확산으로 우리 주변에는 규모를 가늠할 수 없을 정도로 많은 정보와 데이터가 생산되는 '빅데이터(Big Data)' 환경이 도래하고 있다. 빅데이터란 과거 아날로그 환경에서 생성되던 데이터에 비하면 그 규모가 방대하고, 생성 주기도 짧고, 형태도 수치 데이터뿐 아니라 문자와 영상 데이터를 포함하는 대규모 데이터를 말한다.

PC와 인터넷, 모바일 기기 이용이 생활화되면서 사람들이 도처에 남긴 발자국(데이터)은 기하급수적으로 증가하고 있다(정용찬, 2012a). 쇼핑의 예를 들어 보자. 데이터의 관점에서 보면 과거에는 상점에서 물건을 살 때만 데이터가 기록되었다. 반면 인터넷 쇼핑몰의 경우에는 구매를 하지 않더라도 방문자가 돌아다닌 기록이 자동적으로 데이터로 저장된

다. 어떤 상품에 관심이 있는지, 얼마 동안 쇼핑몰에 머물렀는지를 알 수 있다. 쇼핑뿐 아니라 은행, 증권과 같은 금융거래, 교육과 학습, 여가활동, 자료검색과 이메일 등 하루 대부분의 시간을 PC와 인터넷에 할애한다. 사람과 기계, 기계와 기계가 서로 정보를 주고받는 사물지능통신(M2M, Machine to Machine)의 확산도 디지털 정보가 폭발적으로 증가하게 되는 이유다.

사용자가 직접 제작하는 UCC를 비롯한 동영상 콘텐츠, 휴대전화와 SNS(Social Network Service)에서 생성되는 문자 등은 데이터의 증가 속도뿐 아니라, 형태와 질에서도 기존과 다른 양상을 보이고 있다. 특히 블로그나 SNS에서 유통되는 텍스트 정보는 내용을 통해 글을 쓴 사람의 성향뿐 아니라, 소통하는 상대방의 연결 관계까지도 분석이 가능하다. 게다가 사진이나 동영상 콘텐츠를 PC를 통해 이용하는 것은 이미 일반화되었고 방송 프로그램도 TV수상기를 통하지 않고 PC나 스마트폰으로 보는 세상이다.

트위터(twitter)에서만 하루 평균 1억 5,500만 건이 생겨나고 유튜브(YouTube)의 하루 평균 동영상 재생건수는 40억 회에 이른다. 글로벌 데이터 규모는 2012년에 2.7제타바이트(zettabyte), 2015년에는 7.9제타바이트로 증가할 것으로 예측하고 있다(IDC, 2011). 1제타바이트는 1,000엑사바이트(exabyte)이고, 1엑사바이트는 미 의회도서관 인쇄물의 10만 배에 해당하는 정보량이다(Lynman, P., & Varian, H., 2003).

주요 도로와 공공건물은 물론 심지어 아파트 엘리베이터 안에까지 설치된 CCTV가 촬영하고 있는 영상 정보의 양도 상상을 초월할 정도로 엄청나다. 그야말로 일상생활의 행동 하나하나가 빠짐없이 데이터로 저장되고 있는 셈이다.

(2) 빅데이터 시대의 정보 활용

빅데이터는 바이오, 소셜, 생산, 금융, 통신 등 많은 분야에서 활용되고 있다. 특히, 글로벌 기업에서는 이미 빅데이터 사업을 시작하였으며 그 예로, 아마존에서는 소비자들의 소비 패턴을 분석하여 누가 언제 어떤 상품들을 구매할 것인지 예측하여 소비자가 구매 버튼을 클릭하여 배송요청을 하기 이전에 미리 배송준비를 할 수 있는 시스템을 개발했다. 이외에 다양한 사례에 대해 나눠보자.

① 구글의 '플루 트렌드'

일반적으로 사람들은 감기에 걸리면 병원, 약국에 가기 전 독감이나 같은 단어를 검색하는데, 구글은 이러한 점을 착안하여 2008년부터 검색 정보와 위치를 기반하여 미국의 감기 바이러스 확산 상황을 알려주는 서비스를 제공하고 있다. 즉, 이 시스템은 '감기'나 '독감'과 같은 검색 빈도가 높은 지역을 지도에 표시함으로써 독감의 확산을 예측할 수 있다. 대부분의 보건 기구는 일주일에 한 번만 예상 수치를 업데이트하지만 구글 독감 트렌드는 18개 국가를 대상으로 매일 업데이트되므로 기존의 시스템을 보완한 것이다.

② 패션 브랜드 '자라(ZARA)'

자라의 경우 다품종 소량생산을 마케팅 판매 전략으로 삼고 있다. 일반적인 패션 브랜드의 상품 종류에 비해 2배 이상의 종류를 생산한다. 또한 오더부터 생산, 매장에 입점할 때까지 단 6주 이내로 처리한다. 때문에 수요 예측과 매장별 재고 산출, 상품별 가격 결정, 운송까지 실시간으로 파악해야 할 필요가 있었고, 이를 위해 MIT 연구팀과 연계해 빅데이터를 활용하는 재고관리시스템을 개발했다.

③ KB카드

주요 카드업체들은 소비자의 행동패턴을 분석하여 마케팅에 활용하고 신규상품 개발 및 상품추천에 빅데이터를 활용하고 있다. 한 예로 KB국민카드의 경우, 빅데이터 분석을 통해 카드이용 서비스 및 편의성을 제공하고 있다. 최근 몇 년 동안 카드 이용객의 행동패턴을 분석하여 '혜택가맹점' 앱을 개발하여 고객에게 맛집 추천 및 비슷한 고객의 상점이용 패턴을 제공함으로써 편리하게 정보를 얻을 수 있었다. 또한 최근에는 '실시간 마케팅시스템'을 개발해서 비즈니스에 적용, 운영하고 있다. 이 시스템을 통해 고객은 자신의 니즈와 위치에 따라 최적화된 카드혜택 및 맞춤형 정보를 실시간으로 검색하고 받을 수 있다.

 Level up Mission Step

앞서 학습한 바와 같이 빅데이터를 활용한 시례가 다양화되고 있다. 현재 여러분이 사용하고 있는 스마트폰 혹은 웹서비스 중에서 빅데이터를 통해 자신의 니즈를 충족시키고 있는 서비스가 있다면 무엇인지 작성해보자.

사 례

국립암센터 빅데이터로 '대한민국 10대 암' 치료 길 연다

"우리 국민들이 많이 걸리는 10대 암을 빅데이터로 구축하면 불필요한 의료 지출을 줄이고 연구와 치료제 개발 등에도 새로운 길이 열릴 것으로 봅니다. 지금까지 국립암센터를 찾은 환자가 49만 명인데, 이들의 진료기록지 영상정보와 암 공공 데이터를 연구목적의 데이터베이스로 구축하고 있습니다."

이은숙 국립암센터 원장은 보유 중인 암 데이터를 체계적으로 통합·관리하고 연구에 활용할 수 있도록 데이터웨어하우스 및 임상연구 검색포털을 구축 중이라고 밝혔다. 이를 위해 개인별 ID를 적용하는 등 개인정보 보호와 익명화 작업도 철저히 진행 중이라고 강조했다.

국립암센터는 암 진료 데이터, 암 유전체, 코호트 및 종양은행 등 임상자료와 국가암등록자료 등의 공공 데이터 등 다양한 형태의 자료를 보유하고 있다. 암 관련 연구가 가장 활발한 의료기관 중 하나지만, 데이터가 연구자들마다 제각각이어서 이를 표준화하고 통합할 필요성이 꾸준히 제기돼 왔다. 이 원장은 두 달 전인 취임 직후부터 양질의 빅데이터 뱅크를 만들기 위해 의견을 모았고 연구목적용 데이터웨어하우스 구축에 착수했다.

암 진료와 치료에 특화된 빅데이터센터가 완성되면 암을 일으키는 원인을 추정하고 새로운 치료제를 개발하는 등 다양한 분야에 활용될 것으로 기대된다. 이 원장은 "정형 데이터뿐 아니라 병리, 영상정보, 수술기록지 등의 중요한 비정형 데이터까지 망라한 연구 목적용 데이터웨어하우스를 만들 것"이라며 "환자가 내원해 진단, 검사, 치료, 추적관찰 등 진료 프로세스에 따라 암 종별 레지스트리를 구축해 연구자들이 쉽게 활용할 수 있도록 지원하겠다."고 말했다.

국립암센터는 임상연구 검색포털을 첫 단추로 향후 의료기관 및 국가적 차원의 공공 데이터까지 연계·공개할 수 있는 암데이터 플랫폼을 확대 구축하고, 이를 이용한 암 예방, 검진, 치료, 재활 등 다양한 서비스 활용 모델을 제시할 계획이다. 이 원장은 "의료 빅데이터의 활용은 근거 기반의 의료를 강화하고 국가적 의료비를 절감할 뿐만 아니라, 환자별 맞춤형 정밀의료를 가능케 해 생존율을 높이는 데 기여할 것"이라며 "암 빅데이터의 선도기관으로 철저한 개인정보 보호와 관리하에 의료 빅데이터의 공유 및 활용의 성공사례를 만들겠다."고 덧붙였다.

[출처] 매일경제, 〈국립암센터 빅데이터로 '대한민국 10대 암' 치료 길 연다〉, 2018. 2. 7. 발췌

학습평가 Quiz

1. 다음 중 괄호 안에 공통적으로 들어갈 말은?

> ( ) 없이는 생존이 불가능한 시대로 접어들고 있다고 해도 과언이 아니다. ( )의 중요성이 확대되고 이를 활용하기 위한 시도가 증가하는 시대에, 정보를 선별해 수용하기 위한 정보검색능력이 중요한 역량으로 떠오르고 있다. 이를 ( ) 리터러시라 불리운다.

① 데이터   ② 정보
③ 빅데이터   ④ 인터넷

2. 다음 이것은 무엇에 대한 설명인가?

> 이것은 과거 아날로그 환경에서 생성되던 데이터에 비하면 그 규모가 방대하고, 생성 주기도 짧고, 형태도 수치 데이터뿐 아니라 문자와 영상 데이터를 포함하는 대규모 데이터를 말한다.

① 네트워크   ② AI
③ 사물인터넷   ④ 빅데이터

3. 데이터 리터러시를 구성하는 5가지 역량 중 데이터의 목적에 맞는 분석 방법을 사용해 의미 있는 결과를 도출하는 능력을 무엇이라 하는가?

① 데이터 수집 역량   ② 데이터 관리 역량
③ 데이터 가공 및 분석 역량   ④ 데이터 기획 역량

4. 패스트 패션의 선두를 이끌고 있는 글로벌 브랜드 자라(Zara)의 성공비결을 작성해 보자.

5. 빅데이터가 무엇이며, 활용을 통한 장점이 무엇인지 작성해보자.

학습내용 요약 Review (오늘의 Key Point)

1. 정보분석이란 개인과 기업이 가진 방대한 정보를 분석해 미리 상황을 예측하고 그에 맞도록 행동해 새로운 비즈니스 통찰력을 이끌어낼 수 있도록 돕는 것을 의미한다. 이는 개인에게는 업무 생산성을 높이고, 기업에서는 미래 예측에 이용되며, 공공분야에서는 의료, 치안, 교통, 자원관리 등의 다양한 영역에서 적용된다.

2. 데이터의 중요성이 확대되고 이를 활용하기 위한 시도가 증가하는 시대에, 정보를 선별해 수용하기 위한 정보검색능력이 중요한 역량으로 떠오르고 있는데, 이를 데이터 리터러시라 부른다. 이처럼 사회 이슈가 고조화되면서 이러한 현실에 요구되는 데이터 리터러시 역량을 갖추는 것이 핵심인재로 부각될 수 있는 방법이다.

3. 데이터 리터러시는 데이터 수집 역량, 데이터 관리 역량, 데이터 가공 및 분석 역량, 데이터 시각화 역량, 데이터 기획 역량이라는 5가지 하위 역량으로 구분된다.

4. 빅데이터란 과거 아날로그 환경에서 생성되던 데이터에 비하면 그 규모가 방대하고, 생성 주기도 짧고, 형태도 수치 데이터뿐 아니라 문자와 영상 데이터를 포함하는 대규모 데이터를 말한다.

 스스로 적어보는 오늘 교육의 메모

정보관리 방법

Contents

1. 효과적인 정보관리 방법 Ⅰ(PC 활용)
2. 효과적인 정보관리 방법 Ⅱ(웹, 앱 활용)

Learning Objectives

1. 효과적인 정보관리 방법과 종류에 대해 설명할 수 있다.
2. 효과적인 정보관리 방법에 대해 적용할 수 있다.

11
Chapter

INFORMATION
COMPETENCY

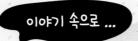

스마트폰과 태블릿PC로 똑똑하게 일해보기

스마트폰과 태블릿 등 다양한 스마트 기기가 등장하면서 '모바일 오피스' 구축 붐이 일고 있다. 한발 더 나아가 기존 업무 방식을 좀 더 똑똑하게 개선하려는 '스마트워크'를 도입하려는 움직임도 늘었다. 국내에서도 유명 통신, 철강, 생활용품 회사 등에서 스마트워크와 모바일 오피스 환경을 구축하고 있다. 모바일과 태블릿 PC를 통해 외근이나 출장 때도 마치 자리에 앉아있는 것처럼 회사 업무를 볼 수 있게 하고, 종이서류 대신 e메일을 통한 전자결재를 도입해 효율적으로 근무할 수 있는 환경을 만들어 나가고 있다.

보통 직장인이라면 오전 9시에 사무실에 출근해 오후 6시에 퇴근하는 근무 환경을 갖는다. 스마트워크는 이에 비해 자유롭게 출근하고 장소에 구애받지 않고 업무를 볼 수 있는 환경을 일컫는다. 예를 들어, 직장인 아빠는 아침에 출근하기 전 아이의 등교 준비를 도와주면서 스마트폰을 이용해 e메일로 그날 일과를 확인한다. 출근길에는 사내 메신저를 이용해 팀 동료와 오전 회의를 갖는다. 사내 협업 커뮤니케이션 솔루션이 설치된 태블릿을 이용해 출근길에 있는 커피숍에 자리잡고 근무를 시작한다.

협업 솔루션을 이용해 팀원들과 실시간으로 영상 또는 음성회의를 하며, 컴퓨터 화면으로 회의 자료를 공유하면서 업무를 본다. 아이의 하교 시간이 가까워지면 잠시 하던 일을 멈춘다. 아이와 함께 집으로 돌아와 간식을 챙겨주고 자신은 서재에서 컴퓨터를 켜 다시 업무를 본다. 어느덧 저녁 시간. 그날 업무를 정리해 보고한 뒤 거실로 나가 아이들과 시간을 함께 보낸다.

이처럼 일도 소홀히 하지 않으면서 가정 생활도 충실하게 할 수 있게 도와주는 게 바로 스마트워크 힘이다. 스마트워크 시대가 열리면 스마트폰과 태블릿PC를 이용해 사내 업무를 확인할 수 있으며, 꼭 출근하지 않아도 집에서 자신의 노트북을 이용해 회사 업무를 처리할 수 있다. 사내 메신저를 이용해 언제 어디서나 수시로 직장 동료들과 아이디어를 나눌 수도 있다.

[출처] 네이버 지식백과, 〈스마트폰과 태블릿PC로 똑똑하게 일해보기〉中 발췌

본 챕터에서는 스마트워크 시대에 효과적인 정보관리 방법에 대해 학습해 보고자 한다.

1. 다음은 무엇에 대한 설명인가?

> 한 주제나 문제 상황에 대하여 필요한 정보를 찾아 활용하고 나면 다시 그 정보를 이
> 용할 경우가 없는 경우도 있겠지만 대부분 같은 정보를 다시 이용할 필요가 발생하
> 게 된다. 특히 직장인처럼 특정 업무 분야가 정해져 있다면 특정 주제 분야의 정보를
> 지속적으로 이용하게 될 것이다. 따라서 한 번 이용했던 정보를 이용한 후에 버리는
> 것이 아니라 ○○○○를 잘 하는 것은 정보활용의 중요한 과정에 속한다.

① 정보수집　　　　　　　　　② 정보분석
③ 정보관리　　　　　　　　　④ 정보활용

2. 다음은 무엇에 대한 설명인가?

> 이것은 영어로 '구름'을 뜻한다. 컴퓨팅 서비스 사업자 서버를 구름 모양으로 표시
> 하는 관행에 따라 '서비스 사업자의 서버'로 통한다. 소프트웨어와 데이터를 인터넷
> 과 연결된 중앙컴퓨터에 저장, 인터넷에 접속하기만 하면 언제 어디서든 데이터를
> 이용할 수 있도록 하는 것이다.

① 클라우드　　　　　　　　　② 에버노트
③ 웹하드　　　　　　　　　　④ 네이버 메모

3. 이것은 구글 계정만 있으면 쉽게 사용할 수 있는 앱으로 구글 드라이브에 자동으로 동기화된
다. 작성하는 메모는 모두 실시간으로 저장이 되고, 입력하는 순간에도 동기화되기 때문에 고
의로 삭제하지 않는 한 절대로 자료를 잃는 법이 없다. 이것은 무엇인가?

① 에버노트　　　　　　　　　② 구글킵
③ 구글라이트　　　　　　　　④ 구글스터디

1. 효과적인 정보관리 방법 I (PC 활용)

(1) 정보관리의 필요성

한 주제나 문제 상황에 대하여 필요한 정보를 찾아 활용하고 나면 다시 그 정보를 이용할 경우가 없는 경우도 있겠지만 대부분 같은 정보를 다시 이용할 필요가 발생하게 된다. 특히 직장인처럼 특정 업무 분야가 정해져 있다면 특정 주제 분야의 정보를 지속적으로 이용하게 될 것이다. 따라서 한 번 이용했던 정보를 이용한 후에 버리는 것이 아니라 정보관리를 잘 하는 것은 정보활용의 중요한 과정에 속한다.

지식정보 사회가 되면서 유통되는 정보가 점차 늘어나 개인에게 축적되는 정보가 증가하는 환경에서는 개인의 정보관리를 얼마나 잘 하는지 그 여부는 문제해결 및 새로운 지식생산능력에 큰 영향을 미친다. 같은 정보를 필요할 때마다 찾고, 또 찾는다면 정보를 찾는 데 드는 시간과 노력은 낭비이며 정보를 찾는 시간만큼 뒤처지게 된다. 따라서 필요한 정보를 찾는 가장 효과적인 방법은 먼저 그 정보가 자신한테 있는 정보인지 확인하고 시작하는 것이다. 그러자면 자신한테 있는 정보를 체계적으로 관리해 두어야 한다. 따라서 어떤 정보를 언제 어떤 이유로 소장하게 되었는지 기록해두거나 분류해두는 것이 매우 중요하다.

스마트 시대에 가장 응축된 정보 형태는 책이다. 책이 집필되고 완성되는 전체 프로젝트를 보면, 한 권의 책에는 저자는 물론 편집자와 기획 마케팅 등 다양한 의지가 투여된 시간들이 촘촘하게 녹아 있다. 정보의 밀도로 따지면 더 대규모의 자본이 투하되기 마련인 TV, 잡지, 라디오, 인터넷 등 어떠한 다른 매체들보다 뛰어나다.

보통 우리는 책을 비스듬히 누워서 죽 읽어가거나 가방에 넣고 틈날 때마다 조금씩 읽는다. 책마다 다르기야 하겠지만 많은 경우 책은 그렇게 만만하지 않은 분량과 정보가 들어있다.

하지만 요즘처럼 정보가 넘치는 시대에 처음부터 끝까지 속속들이 읽는다는 것은 불가

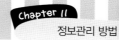

능한 일이다. 내 마음에 와닿는 부분만 캡처하겠다고 마음먹고 편하게 훑어가면 된다. 물론 가끔은 유려한 문장에 흠뻑 빠져 시간 가는 줄 모르는 책들도 있지만 그것은 그 순간 행복감을 느끼면 된다. 2시간 이내 사진을 찍듯이 독서를 하면서 내가 원하는 정보를 사진으로 캡처해서 이를 클라우드를 통해 저장하면 된다.

 클라우드 [cloud]

영어로 '구름'을 뜻한다. 컴퓨팅 서비스 사업자 서버를 구름 모양으로 표시하는 관행에 따라 '서비스 사업자의 서버'로 통한다. 소프트웨어와 데이터를 인터넷과 연결된 중앙 컴퓨터에 저장, 인터넷에 접속하기만 하면 언제 어디서든 데이터를 이용할 수 있도록 하는 것이다.

[출처] 한경 경제용어사전, 한국경제신문/한경닷컴

(2) PC를 통한 정보관리 방법

언제 어디서나 몸에서 떨어지지 않는 것 중 하나가 디지털 기기다. 특히 직장인의 경우 회사에서는 PC를 통해 업무를 처리하고 있다. 요즘과 같은 스마트 시대에는 PC와 이와 연결된 네트워크를 활용하여 정보를 관리해야 한다.

① 웹브라우저/클라우드로 필요한 정보 활용과 관리 방법

웹서핑으로 시간을 때우는 일뿐만 아니라 목적을 지닌 정보 검색에도 무방할 만큼 근래의 모바일 웹은 진보해 왔다. 웹서핑으로 스트레스를 푸는 것도 괜찮지만, 역시 가장 큰 효용은 정보검색이다. 짧은 시간에 검색 질의어를 입력, 검색 결과를 받을 수 있는 태세를 갖추는 것이 중요하다.

클라우드란 인터넷 위 저 너머에 정보를 모아두고 그 정보를 직접 조작하는 행위를 지칭한다. 스카이 드라이브, N드라이브, U클라우드 등 다양한 국내외 서비스가 제공되고

있다. 이러한 클라우드 서비스와 종래의 웹하드가 다른 점은 다양한 스마트 단말 및 애플리케이션으로 이 클라우드에서 직접 정보를 입출력할 수 있을 뿐만 아니라 쌍방에 똑같은 정보가 있을 수 있도록 동기화를 제공한다는 점에 있다.

② 집이나 회사의 PC 직접 접속

원격지에서 집이나 회사 PC의 화면을 직접 열어볼 수 있다. 원격 데스크톱, 라이브 메시지, VNC 등의 기능이 이것인데, 예컨대 회사 PC를 켜두면 퇴근한 후에도 그 화면을 언제 어디서나 이어서 볼 수 있다. 회사에서도 집의 PC 화면을 띄워놓고 은행 일이나 증권 거래 같은 사적인 일과를 처리할 수 있다. 이러한 트렌드를 '퍼스널 클라우드(Personal Cloud)'라 부른다.

🐾 여러분이 현재 정보를 수집하는 나만의 비결이 있다면 무엇인지 작성해 보자.

사 례

자료수집 어떻게 해야 할까

번뜩이는 아이디어가 담긴 기획서를 뒷받침해 줄 자료를 찾아내는 것, 구체적인 아이디어를 도출하는 데에 큰 발판이 되는 정보·자료를 얻는 것은 공모전 도전에 있어 그 무엇보다도 중요하다. 그렇다면 자료수집은 어떻게 해야 하는 걸까? 인터넷 포털사이트 검색, 도서관 탐방, 신문구독, 뉴스 시청 등 정보를 얻을 수 있는 방법은 여러 가지이고, 하루가 멀다 하고 쏟아져 나오는 자료들을 보며 어떤 것이 나에게 유용할지 구분하기란 쉽지 않다. 그래서 캠퍼스정글이 준비했다. 자료 수집하는 방법과 참조하면 좋을 만한 사이트를 소개한다.

1. 객관적인 정보를 갖고 있는 자료를 찾아야 한다.

출처가 불분명하고, 주관적인 내용이 가득한 정보는 있으나마나다. 오히려 공들여 만든 기획의 논리를 무너뜨릴 수 있으니 자료를 찾을 때 객관성을 확보한 것들을 찾아내는 것이 어떨까? 통계청처럼 관공서나 각종 관련 기관에서 발행하는 정기 간행물이나 신문, 잡지, 서적, 논문 등을 참조하자. 공신력 있는 이의 인터뷰나 언론보도자료, 수치, 도표 혹은 통계자료가 있는 뉴스기사를 참조하는 것도 좋은 방법이다. 특히 뉴스기사의 경우, 최소 1년 전 기사까지 찾아보는 것이 좋다. 시장의 변화나 트렌드 등을 알 수 있기 때문이다.

2. 주최사 분석에 힘쓰자.

지피지기면 백전백승이라는 사자성어가 있듯이, 주최사 분석은 공모전 도전에 있어 필수적이다. 주최사 분석은 어떻게 해야 할까? 시험문제를 제출하는 선생님의 유형을 파악하듯 조사를 하면 된다. 주최사의 연혁, 사업내용, 비전, 최근 주력하는 사업, 관심분야, 상품, 시장점유율, 유통구조, 광고형태, 가격구조 등을 조사함은 물론, 경쟁사 분석, 사업전략, 주력상품, 시장점유율, 유통구조, 광고형태, 가격구조 등 세부마케팅 자료로 활용할 자료도 함께 분석하면 좋다. 주최사의 CEO 혹은 대표 인터뷰도 놓치지 말자.

주최사 분석할 시간이 부족하다면?

주최사에 대한 전반적인 내용을 조사하는 것도 좋지만, 그 이면엔 시간이 많이 걸릴 수 있다는 점과 문제점 도출, 아이디어 생산에 쏟을 시간을 빼앗길 수 있다는 단점이 있다. 시간이 많이 걸린다고 해서 조사를 소홀히 할 수 없는 일! 그럴 땐 공모전 주제에 맞춰 조사해야 할 자료의 범위와 시간을 정해 놓고, 그 바탕으로 모아진 정보를 최대한 활용할 수 있는 센스를 발휘하자.

단, 한 번 조사할 때 철저히 해야 차후 다시 정보를 조사하게 될 때 걸리는 시간을 줄일 수 있으며, 나아가 다양하고 참신한 아이디어를 도출하는 데에 큰 도움이 된다.

3. 원하고, 보고 싶은 자료만 찾지 말자.

자신의 의견을 뒷받침해 주는 자료를 찾아내는 것도 중요하지만, 본인이 기획한 면만 보느라 미처 생각하지 못했던 것들을 깨닫게 해주는 자료가 있을 수도 있으니 유사 자료도 함께 찾아보자.

4. 발로 뛰는 조사도 하자.

수치화돼 있고, 공신력 있는 자료도 좋지만, 관련 주제에 대한 사람들의 의견을 물어보는 것도 중요하다. 일반인의 의견 역시 좋은 정보가 될 수 있기 때문이다. 주제에 대한 FGI(Focus Group Interview)나 설문조사를 진행하거나 공모전 담당자 및 관련 분야 전문가에게 전화나 이메일로 궁금한 사항에 대해 문의하자.

> * FGI는 집단심층면접, 집단토의, 집단면접이라고 표현되기도 하는데, 주로 6명에서 10명의 참석자들이 모여 사회자의 진행에 따라 정해진 주제에 대해 이야기를 나누게 한 후, 그 바탕으로 정보나 아이디어를 수집하는 방식을 취한다. 미처 발견하지 못했던 자신의 다른 면을 발견할 수 있다는 점과 아이디어를 얻을 수 있다는 장점 때문에 많이 이용한다.

자료수집에 도움이 되는 사이트

통계청 www.kostat.go.kr

국립중앙도서관 www.nl.go.kr

국회 전자도서관 dl.nanet.go.kr

경 제 관 련

삼성경제연구소 www.seri.org

LG경제연구소 www.lgeri.com

한국개발연구원 www.kdi.re.kr

산업연구원 www.kiet.re.kr

대외경제정책연구원 www.kiep.go.kr

과학기술정책연구원 www.stepi.re.kr

국가경영전략연구원 www.nsi.or.kr

서울대학교경제연구소 ier.snu.ac.kr

포스코경영연구소 www.posri.re.kr

한국경제연구원 www.keri.org

한국과학기술정보연구원 www.kisti.re.kr

한국금융연구원 www.kif.re.kr

현대경제연구원 www.hri.co.kr

마케팅전략연구소www.msrkorea.co.kr

광고 관련

한국방송광고공사 www.kobaco.co.kr   오리콤 www.oricom.com

제일기획 www.cheil.co.kr   광고정보센터 www.adic.co.kr

HS애드 www.hsad.co.kr   TBWA KOREA www.tbwakorea.com

대홍기획 www.daehong.co.kr   한국언론진흥재단 www.kpf.or.kr

금강오길비 www.diamondogilvygroup.com

디자인 · 건축 관련

한국디자인진흥원 www.kidp.or.kr   한국건축가협회 www.kia.or.kr

대한건축학회 www.aik.or.kr

저작권 걱정 없는 이미지 사이트

렛츠씨씨 www.letscc.net   플리커 www.flickr.com

모그파일 www.morguefile.com   Pixabay www.pixabay.com

[출처] 캠퍼스정글, 〈자료수집 어떻게 해야 할까〉 발췌

2. 효과적인 정보관리 방법 Ⅱ (웹, 앱 활용)

(1) 웹과 애플리케이션을 통한 정보관리 방법

① 에버노트

대한민국 대표 지성 이어령 박사, 인기 웹툰이자 드라마 미생을 탄생시킨 윤태호 작가,

대중들에게도 친숙한 문화심리학자 김정
운 교수. 이 세 사람에겐 공통점이 있다 .
이들 모두 에버노트 사용자라는 사실이다.

에버노트는 텍스트는 물론, 사진, 녹음,
채팅 등 다양한 형태의 정보를 하나의 앱
안으로 넣을 수 있게 만들어졌으며, 문서
기반이 아닌 정보관리 기반 플랫폼이라는

점에서 다른 정보관리 소프트웨어 중에서 에버노트는 차별화되어 있다. 또한 에버노트
는 강력한 검색 기능을 제공한다. 제목이나 키워드는 물론 이미지 속 텍스트, 첨부파일
속 텍스트까지 검색이 가능하다. 또 굳이 검색하지 않더라도 연관된 노트를 보여주는 '연
관 콘텐츠' 기능이 있기 때문에 동료들이 공유해 놓은 노트를 쉽게 발견할 수 있다.

② 구글킵

구글 계정만 있으면 쉽게 사용할 수 있는
구글킵은 구글 드라이브에 자동으로 동기
화된다. 작성하는 메모는 모두 실시간으로
저장이 되고, 입력하는 순간에도 동기화되
기 때문에 고의로 삭제하지 않는 한 절대로
자료를 잃는 법이 없다.

구글킵은 에버노트와 마찬가지로 텍스트(글자) 메모에 사진, 음성녹음 등을 넣을 수 있
다. 다만, '갤러리'애플리케이션(이하 앱)과의 연동을 지원하지 않는 점이 아쉽다. 사진기 모
양의 아이콘을 선택하면 기존 사진을 불러오는 대신 자동으로 카메라 애플리케이션(이하
앱)이 실행되고, 이걸로 사진 촬영 후 메모를 하면 된다. 순간을 남기기 위한 메모로 볼 수
있다. 음성을 녹음해 메모로 저장할 수 있는 것도 에버노트와 다르지 않다. 하지만 구글
킵의 음성은 텍스트로 자동 변환돼 함께 저장되는 것이 큰 장점이지만, 한글 입력의 정확
도가 100%는 아니기 때문에 참고해야 한다.

③ 순간 떠오르는 아이디어를 캐치하고 싶다면 '캐치(Catch)'

캐치는 에버노트의 뒤를 이어 빠른 속도로 성장하고 있는 앱이다. 캐치 계정 또는 구글, 페이스북 계정으로 로그인해 사용할 수 있고, 에버노트와 마찬가지로 메모에 음성 녹음, 사진 이미지 추가, 위치 정보도 넣을 수 있다. 스마트폰에 내장된 카메라

와 연계해 사진을 찍고 바로 메모하는 것도 할 수 있다. 에버노트와 마찬가지로 캐치 스케치(Catch Sketch) 앱을 내려받으면 손글씨 메모도 할 수 있다. 다만, 아직까진 삼성전자 스마트폰만 지원한다.

새 공간을 만들어 메모를 그룹별로 정리할 수 있다. 각 공간별로 색상을 지정해 한 눈에 보기에도 편하다. 기자는 '내 아이디어', '상반기 프로젝트', '읽을 만한 책 공유' 등 여러 그룹으로 나누었다. 각 공간에 들어가면, '알람 메모', '사진 메모', '텍스트 메모', '음성 메모', '목록 메모', '스케치(드로잉) 메모' 등 여러 메모를 추가할 수 있다.

에버노트를 쓸 때와 마찬가지로 웹상에 좋은 자료가 있다면 일일이 받아 적지 않아도 된다. 블록을 지정하고 복사해 캐치에 붙여넣기를 하면 된다. 에버노트와 마찬가지로 다양한 공유 기능이 있다. 메모를 페이스북, 카카오톡 등으로 공유하는 것은 물론, 메모 공간에 함께 하고 싶은 친구를 초대해 서로의 생각을 올리고 댓글을 다는 방식으로 생각을 공유할 수 있다. 이 또한 배경화면에 위젯으로 추가해 클릭 한 번만으로 확인할 수 있다.

에버노트를 사용해본 사람이라면, 한 번에 느낄 수 있는 캐치만의 기능이 있다. 알림 메모 기능이다. 메모에 날짜와 시간을 설정하면 그 시점에 알림이 울리며 메모를 보여준다.

또한, 오프라인 환경에서도 사용할 수 있도록 한다. 인터넷이 안 된다고 메모를 작성하거나 조회할 수 없다면 메모 앱이 과연 진정한 기록 보조도구일까? 에버노트를 쓰면서 든 생각이다. 에버노트는 오프라인에선 메모 조회조차 안됐지만(무료 계정일 경우), 캐치는 오프라인에서 메모를 작성하고 조회할 수도 있다. 캐치는 기본적으로 메모를 스마트폰에 저장하고 서버와 동기화시키는 방식이다. 때문에, 인터넷이 되지 않아도 스마트폰에서 작

성한 글은 후에 인터넷이 되면 자동으로 웹 서버와 동기화돼 연결 끊김을 걱정할 필요가 없다.

기록해야 할 내용이 많아지면 아무래도 사적인 내용들이 점점 많아진다. 혹여 남이 볼까 신경 쓰인다면 비밀번호로 잠금을 걸어보자. 에버노트는 잠금 기능을 프리미엄용(유료)으로만 제공하지만, 캐치는 이를 무료로 제공한다. 앱 실행 후 5분이 지나면 자동으로 다시 잠금 화면이 실행되는 이중 보안 기능도 제공한다.

④ '네이버 메모(Naver Memo)'

포털 사이트 네이버를 운영하는 NHN이 내놓은 '네이버 메모(Naver Memo)'다. 네이버 계정만 있으면 쉽게 사용할 수 있다. 네이버 메모는 에버노트와 달리 메모에 텍스트(글자), 사진 등만 넣을 수 있고, 음성 녹음, 위치 정보 등을 넣을 순 없다. 간단한 메모만 하는 사용자라면 음성 녹음, 위치 정보 추가 기능이 없어도 불편하지 않을 듯하다. 오히려 필요한 기능만 딱 갖춰져 깔끔하다. 유용한 기능을 알맞게 배치한 것도 주목할 만하다.

메모를 폴더별로 정리해 관리할 수 있다. 원하는 폴더를 기본 폴더로 지정할 수도 있고, 폴더별로 색상도 다르게 설정할 수 있다. 깔끔하면서도 보기 좋다. 기자는 '이번 주 약속', '읽을 책', '끄적끄적' 등 여러 폴더로 나누어 각 폴더에 메모를 보기 쉽게 정리했다. 이렇게 정리하니 보기도 좋고 메모 찾기도 쉽다. 포스트잇 느낌의 메모장도 다양한 색상으로 선택할 수 있어 메모하는 재미도 있다. 스마트폰에 설치된 다른 앱과 공유도 할 수 있다. 작성한 메모를 '네이버 메일' 앱과 연동해 메일을 보낼 수도 있고, '네이버 캘린더' 앱과 연동해 '할 일' 또는 '일정'으로 등록할 수도 있다. 또한, 'N 드라이브'와 연결해 저장된 메모를 폴더별로 업로드해 저장할 수도 있다. 이외에도 약속 정보, 장소 등을 메시지, 카카오톡 등으로 전송하거나 싸이월드, 페이스북 등 SNS로 공유해 친구들에게 알릴 수 있다.

 Level up Mission Step

☎ 앞서 학습한 바와 같이 다양한 도구를 활용하여 정보관리를 하는 방법에 대해 학습했다.
앞서 언급한 것 중에서 자신에게 가장 적합한 도구는 무엇이며, 그 이유에 대해 작성해보자.

사례

메모앱 '솜노트', 일본에서 돌풍행진. "기술력 인정받았다."

메모앱 솜노트가 일본시장에서 돌풍
행진을 이어나가고 있다. 솜노트 운
영업체 위자드웍스는 일본 대형 통신
사 KDDI가 운영하는 오픈마켓 '스마
트패스'에 솜노트가 들어갔다고 13일
밝혔다.

스마트패스는 전 세계에서 품질을 인
정받은 900개 유료 어플만을 선정, 소
개하는 폐쇄형 오픈마켓이다. 해당 어
플은 스마트패스 상품에 가입한 800만 명 유료 가입자가 내는 372엔의 이용료를 사용량에 따라
분배받는다. 통신사 정액제 상품인 만큼 운영정책이 까다로워 국내 개발사 중에서도 10여개만
이 진출에 성공한 상태인데 유틸리티 제품으로서 솜노트가 포함된 것이다. 아울러 솜노트는 지
난 1월에는 일본 애플 앱스토어 생산성 분야 1위에 올라 화제를 모으기도 했다. 통상 일본을 '기
록의 나라'라고 부르는데 현지 메모 어플이 아닌 솜노트가 흥행하는 것은 이례적인 일로서 아기
자기한 디자인과 특화기능 등이 인정받았다는 평가다.

회사측은 정부 산하기관의 도움이 컸다고 밝혔다. 콘텐츠진흥원의 지원으로 일본 도쿄 현지에
서 미디어와 투자사 대상으로 연 간담회가 강한 홍보효과를 일으켰으며, 정보통신산업진흥원
이 글로벌 진출 대상 어플로 선정하고 일본시장 배급에 함께 나선게 주효했다는 이야기다. 위자
드웍스는 국내 먼저 출시한 솜노트 2.0 버전을 곧 일본시장에도 제공할 예정이며 지속적인 기
능 업그레이드로 신규 매출을 창출한다는 계획이다. 그 일환으로 일본어 고객지원은 물론 엔화
구매를 지원할 예정이다.

위자드웍스는 청년창업가로 명망 높은 표철민 대표가 운영하고 있는 개발사다. 2008년 선도적
으로 위젯 서비스를 선보이며 승승장구했지만 인터넷 이용환경이 웹에서 모바일로 이동하자 상
당한 부침을 겪어야만 했다. 하지만 이후 유틸리티 분야에 집중한 결과 드디어 해외사업 성과를
통해 재도약 계기를 마련한 것이다.

표철민 대표는 "1년 가까이 일본시장의 문을 두드린 끝에 드디어 스마트패스에 입점해 기쁘게
생각한다."며 "국내에서 좋은 반응을 얻고 있는 솜노트 2.0 버전과 다른 운영어플을 추가로 소개
함으로써 일본 내 회사입지를 끌어올리겠다."고 밝혔다.

[출처] 뉴스토마토, 〈메모앱 '솜노트', 일본에서 돌풍행진…"기술력 인정받았다"〉, 2014. 3. 13. 발췌

학습평가 Quiz

1. 다음 중 괄호 안에 공통적으로 들어갈 말은?

> (   )란 인터넷 위 저 너머에 정보를 모아두고 그 정보를 직접 조작하는 행위를 지
> 칭한다. 스카이 드라이브, N드라이브, U클라우드 등 다양한 국내외 서비스가 제공
> 되고 있다. 이러한 (   ) 서비스와 종래의 웹하드가 다른 점은 다양한 스마트 단말
> 및 애플리케이션으로 이 (   )에서 직접 정보를 입출력할 수 있을 뿐만 아니라 쌍
> 방에 똑같은 정보가 있을 수 있도록 동기화를 제공한다는 점에 있다.

① 서버　　　　　　　　　　② 웹하드

③ 앱　　　　　　　　　　　④ 클라우드

2. 다음 이것은 무엇에 대한 설명인가?

> 이것은 에버노트의 뒤를 이어 빠른 속도로 성장하고 있는 앱이다. 캐치 계정 또는 구
> 글, 페이스북 계정으로 로그인해 사용할 수 있고, 에버노트와 마찬가지로 메모에 음
> 성 녹음, 사진 이미지 추가, 위치 정보도 넣을 수 있다.

① 캐치　　　　　　　　　　② 메모

③ 워드　　　　　　　　　　④ 웹하드

3. 이것은 대한민국 대표 지성 이어령 박사, 인기 웹툰이자 드라마 미생을 탄생시킨 윤태호 작가,
   대중들에게도 친숙한 문화심리학자 김정운 교수가 이것의 사용자로 알려져 있다. 이것은 정보
   관리뿐만 아니라 강력한 검색 기능을 제공한다. 제목이나 키워드는 물론 이미지 속 텍스트, 첨
   부파일 속 텍스트까지 검색이 가능하다. 이것은 무엇인가?

① 네이버 메모　　　　　　　② 에버노트

③ 솜메모　　　　　　　　　④ 구글링

4. 많은 사람들이 '에버노트'를 통해 정보관리를 하고 있다. 에버노트의 장점과 단점에 대해 작성
해 보자.

5. 현재 자신의 정보관리 점수를 100점 만점이라고 했을 때 몇 점 정도에 해당하는지 작성해 보
고, 향후 적용해 볼 정보관리 계획에 대해 자신의 생각하는 바를 작성해 보자.

학습내용 요약 Review (오늘의 Key Point)

1. 직장인처럼 특정 업무 분야가 정해져 있다면 특정 주제 분야의 정보를 지속적으로 이용하게 될 것이다. 따라서 한 번 이용했던 정보를 이용한 후에 버리는 것이 아니라 정보관리를 잘 하는 것은 정보활용의 중요한 과정에 속한

2. 클라우드란 인터넷 위 저 너머에 정보를 모아두고 그 정보를 직접 조작하는 행위를 지칭한다. 스카이 드라이브, N드라이브, U클라우드 등 다양한 국내외 서비스가 제공되고 있다. 이러한 클라우드 서비스와 종래의 웹하드가 다른 점은 다양한 스마트 단말 및 애플리케이션으로 이 클라우드에서 직접 정보를 입출력할 수 있을 뿐만 아니라 쌍방에 똑같은 정보가 있을 수 있도록 동기화를 제공한다는 점에 있다.

3. 회사에서도 집의 PC 화면을 띄워놓고 은행 일이나 증권거래 같은 사적인 일과를 처리할 수 있다. 이러한 트렌드를 '퍼스널 클라우드(Personal Cloud)'라 부른다.

4. 에버노트는 텍스트는 물론, 사진, 녹음, 채팅 등 다양한 형태의 정보를 하나의 앱 안으로 넣을 수 있게 만들어졌으며, 문서 기반이 아닌 정보관리 기반 플랫폼이라는 점에서 다른 정보관리 소프트웨어 중에서 에버노트는 차별화되어 있다.

5. 구글 계정만 있으면 쉽게 사용할 수 있는 구글킵은 구글 드라이브에 자동으로 동기화된다. 작성하는 메모는 모두 실시간으로 저장이 되고, 입력하는 순간에도 동기화되기 때문에 고의로 삭제하지 않는 한 절대로 자료를 잃는 법이 없다.

6. 캐치는 에버노트의 뒤를 이어 빠른 속도로 성장하고 있는 앱이다. 캐치 계정 또는 구글, 페이스북 계정으로 로그인해 사용할 수 있고, 에버노트와 마찬가지로 메모에 음성 녹음, 사진 이미지 추가, 위치 정보도 넣을 수 있다.

 스스로 적어보는 오늘 교육의 메모

참고문헌

• [네이버 지식백과] 빅데이터 정의 (빅데이터, 2013.2.25., 커뮤니케이션북스)
• KBS 〈명견만리〉 제작팀, 〈명견만리-정치, 생애, 직업, 탐구편〉, 인플루엔셜, 2017
• 고영삼 외 14명, 〈정보 사회의 이해〉, 미래인, 2011
• 교육청, 정보통신윤리 교수 · 학습 활동 과정안 〈정보 사회의 이해〉
• 김경철 · 신유안 · 이성주 · 고진영, 〈정보능력〉, 양성원, 2017
• 김국현, 〈스마트워크〉, 한빛미디어, 2011
• 김성출, 〈정보기술 세상을 바꾸다〉, 시그마프레스, 2016
• 김지현, 〈호모스마트쿠스로 진화하라〉, 해냄, 2012
• 이충권, 차경진 〈토닥토닥 정보시스템〉, 카오스북, 2016
• 이태욱 · 전도홍 · 이철현, 〈네티켓 교실〉, 형설출판사, 2002
• 정용찬(2012a), 〈빅데이터 혁명과 미디어 정책 이슈〉 (KISDI Premium Report 12-02). 정보통신
  정책연구원
• 정용찬(2012b). 〈빅데이터, 빅브라더〉, KISDI 전문가컬럼. 2012.6. 정보통신정책연구원
• 조윤희, 〈정보사회론〉, 신지원, 2012
• 한국산업인력공단 직업기초능력 정보능력 교수자용 워크북
• 한국산업인력공단 직업기초능력 정보능력 학습자용 워크북
• 한국표준협회 NCS연구회, 〈정보능력〉, 박문각, 2017
• 한상완 · 이지연 · 이재윤 · 최상희, 〈지식정보사회에서의 정보활용〉, 한국도서관협회, 2005

웹사이트
• http://blog.daum.net/kcc1335/1245 당신의 인터넷 에티켓 예절 점수는?
• http://dl.dongascience.com/magazine/view/S200409N034 검색능력이 경쟁력이다.
• http://edu.donga.com/?p=article&ps=view&at_no=20170608121607161041
• http://it.donga.com/14384/ '아저씨는 수첩, 오빠는 메모 앱' (2) 캐치
• http://it.donga.com/14473/ '아저씨는 수첩, 오빠는 메모 앱' (3) 네이버 메모
• http://it.donga.com/14514/ '아저씨는 수첩, 오빠는 메모 앱' (5) 구글킵
• http://it.donga.com/27857/ 추억으로 남은 온라인 문화의 고향, PC통신 하이텔
• http://lg-sl.net/product/creativeexpedition/infouse/infoUse.mvc?initPage=init LG사이언스랜

드, 창의탐험대 '정보활용법'

- http://news.mk.co.kr/newsRead.php?year=2018&no=88741 국립암센터 빅데이터로 '대한민국 10대 암' 치료 길 연다.
- http://news.mt.co.kr/mtview.php?no=2018012208370788262 [MT리포트] 우리동네 옷가게 잘 될까… 빅데이터 왈 "안 됩니다"
- http://news.naver.com/main/read.nhn?mode=LSD&mid=sec&sid1=105&oid=037&aid=0000008983 경쟁力, 검색力, 구글力 01] '검색력'이 곧 성공력
- http://news1.kr/articles/?3340418 / NEWS1, 〈"내 번호 어떻게 알고?"…선거문자 개인정보 침해 민원 급증〉 2018.6.9.
- http://proi.edupia.com/contents/proicontents/proi/proi/middle/SchoolBook/seb/jd_seb1_content.asp?nTerm=1&nYear=7&nConID=1644&nCatID=648&nDaeNumber= 정보수집하기
- http://social.lge.co.kr/people/it_casting7/ 똑똑하게 일하기의 시작은 정보수집과 분류에서
- http://social.lge.co.kr/people/it_casting7/ 똑똑하게 일하기의 시작은 정보수집과 분류에서
- http://socialmkt.co.kr/archives/9031 소셜 마케팅이란? 소셜 마케팅 성공사례
- http://terms.naver.com/entry.nhn?docId=1718563&cid=47336&categoryId=47336 산업화는 늦었지만 정보화는 앞서자고?
- http://terms.naver.com/entry.nhn?docId=1997181&cid=47321&categoryId=47321 통합논술 개념어사전 〉 언어영역 정보화 사회
- http://terms.naver.com/entry.nhn?docId=77613&cid=4215⁵⁶categoryId=42155 네이버 지식백과 '전자 정부'
- http://terms.naver.com/entry.nhn?docId=941435&cid=47326&categoryId=47326
- http://www.bizforms.co.kr/magazine/view.asp?number=4559 정확하게 문제를 파악하는 5W2H방법, 5W2H
- http://www.boannews.com/media/view.asp?idx=70291 [보안뉴스 - 현대모비스, 소프트웨어 중심 회사로 거듭난다]
- http://www.bookpot.net/news/articleView.html?idxno=873 컴퓨터가 한국에 도착해 대중화 되기까지
- http://www.breaknews.com/sub_read.html?uid=501518&section=sc2 / 브레이크뉴스, '사이버 폭력, 얼굴 없는 범죄의 위험성', 2017.3.31.
- http://www.ciokorea.com/news/32662 관심 끌려면 이들처럼…소셜 마케팅 성공 사례 10선
- http://www.ciokorea.com/news/36977 "모든 것이 연결된다" 2018년을 지배할 IoT 전망 6가지
- http://www.cowalknews.co.kr/news/articleView.html?idxno=15972 4차 산업혁명 시대, 나는 누구이고 어떻게 살 것인가?

- http://www.dailysecu.com/?mod=news&act=articleView&idxno=28723 아마존의 새 IoT 쇼핑몰, 로봇으로 모든 일 처리
- http://www.docdocdoc.co.kr/news/articleView.html?idxno=193138 컴퓨터의 미래 전망
- http://www.edunet.net/nedu/contsvc/viewWkstCont.do?clss_id=CLSS0000000362&menu_id=81&contents_id=fs_a0000-2015-0702-0000-000000000092&svc_clss_id=CLSS0000017818&contents_openapi=naverdic 정보사회의 기본예절
- http://www.fnnews.com/news/201704201717327155 파이낸셜뉴스, 〈맛집정보 홍수 시대〉, 2017.04.20.
- http://www.fnnews.com/news/201801231706276984 왜 지금 '소프트웨어'인가
- http://www.itnews.or.kr/?p=13103 / 민원 24 정보활용사례
- http://www.newsian.co.kr/news/articleView.html?idxno=31550 100만 배 빠른 양자컴퓨터 시대 도래한다.
- http://www.newstomato.com/ReadNews.aspx?no=451739 메모앱 '솜노트', 일본에서 돌풍행진…"기술력 인정받았다"
- http://www.sedaily.com/NewsView/1S0W8AIZFN 경기도, 빅데이터 분석 통한 가뭄피해 예측 시스템 구축 추진
- http://www.yonhapnews.co.kr/bulletin/2018/01/31/0200000000AKR20180131040800004.HTML?inpu=1195m 연합뉴스, 직업인 10명 중 1명 '4차 산업혁명 핵심기술 업무에 활용' 2018.1.31.
- https://blog.naver.com/thumbelina25/221307086111 인터넷 검색 잘하는 방법(네이버 블로그)
- https://c11.kr/14qu 국방과학기술용어사전 〈정보수집〉
- https://c11.kr/14rd 빅데이터로 어떻게 돈버나…빅데이터 활용사례 3선
- https://c11.kr/14tb 삼성SDS 인사이트 리포트
- https://c11.kr/14ts 스마트폰과 태블릿PC로 똑똑하게 일해보기.
- https://c11.kr/14tx 자료수집 어떻게 해야 할까
- https://c11.kr/14u2 에버노트, 이젠 '협업앱'이라 불러주오.

https://www.bloter.net/archives/302192 빅데이터 시대, 누구나 알아야 할 데이터 리터러시
- https://www.privacy.go.kr/main/mainView.do 개인정보 보호 종합포털
- http://www.sedaily.com/NewsView/1S0W8AIZFN
- 네이버 지식백과, 사이버 윤리강령
- 이휘재, 치매 아버지 비방 악플러들 고소… 네티켓 절실

NCS 정보 능력

초판 1쇄 발행	2019년 3월 5일
초판 3쇄 발행	2023년 2월 10일

저 자	김진규 · 이일권 · 이대은 · 홍미영
펴낸이	임 순 재
펴낸곳	**(주)한올출판사**
등 록	제11-403호
주 소	서울시 마포구 모래내로 83(성산동 한올빌딩 3층)
전 화	(02) 376-4298(대표)
팩 스	(02) 302-8073
홈페이지	www.hanol.co.kr
e-메 일	hanol@hanol.co.kr
ISBN	979-11-5685-734-1